Wojciech Eichelberger

Krótko
mówiąc

projekt okładki
koncepcja graficzna serii
Michał Batory

zdjęcie Wojciecha Eichelbergera na okładce
Jarosław Żamojda

redakcja i korekta
Bogna Piotrowska

koncepcja typograficzna/skład
przygotowanie do druku
Katarzyna Marzec

 Drzewo Babel
ul. Litewska 1o/12 · oo-581 Warszawa
listy@drzewobabel.pl
www.drzewobabel.pl

ISBN 978-83-64488-52-8

Wojciech Eichelberger

Krótko mówiąc

Umysł uzależniony

Na przełomie wieków ludzki świat ogarniać zaczęła epidemia uzależnień. Zjawisko to przybiera rozmiary i formy tak wielorakie, tak liczne, ogarnia takie masy ludzi, że nie sposób nie powziąć podejrzenia, że istota ludzka w swojej konstrukcji posiada jakiś podstawowy defekt, grzech pierworodny, który sprawia, że uzależnienie jest nam niezbędne do życia. Wydaje się, że nikt nie jest w stanie umknąć przed tą podstępną chorobą. Na każdego przychodzi kolej. To tylko kwestia czasu, okoliczności i kontaktu z czymś, co nas uzależnia – z naszym „uzależniającym alergenem". Porównanie do alergenu nie jest przypadkowe. Nie tylko dlatego, że zapadalność na uczulenia również przybiera epidemiczny wymiar, ale dlatego, że nasza reakcja na „uzależniacz", podobnie jak na alergen, często bywa dla nas całkowitym zaskoczeniem. Okazuje się, że uzależnić się możemy niemalże od wszystkiego. Rzesze uzależnionych są nieprzeliczone. Epidemia zatacza coraz szersze kręgi, siejąc spustoszenie w naszych sercach i umysłach, w naszych związkach z ludźmi, w naszych relacjach ze światem. Sprawia, że albo się całkowicie izolujemy i nikt nie ma z nas żadnego pożytku, albo, co gorsza, uznajemy, że nasze uzależnienie jest najlepszą receptą na problemy świata i ludzi, i czynimy z niego zażarcie propagowaną ideologię. Ale najbardziej niebezpieczne jest to, że uzależnienie staje się dla nas zastępczą tożsamością, która uwalnia nas od konieczności poszukiwania naszej tożsamości prawdziwej. I tak np. alkoholik na pytanie: „Kim jesteś?", odpowiada: „Jestem alkoholikiem". Koniec, kropka. Uzależniony od ideologii liberał czy socjalista odpowiada: „Jestem liberałem" albo „Jestem socjalistą". Uzależniony od religii swoje egzystencjalne i duchowe wątpliwości uśpi zapożyczoną religijną tożsamością, zagubiony nastolatek odetchnie z ulgą, gdy będzie mógł o sobie pomyśleć, że jest kibicem piłkarskiego klubu. Podobnie rzecz się ma z uzależnionymi od statusu, pieniędzy, własnego wizerunku i wielu, wielu innymi, których nie sposób tu wymienić. W każdym razie owym grzechem pierworodnym, który skazuje nas wszystkich na uzależnienie, jest napawający nas nie uświadamianymi do końca przerażeniem i rozpaczą brak poczucia naszej prawdziwej tożsamości. Uzależnienie ma pozory idealnego rozwiązania. Znieczula lęk i rozpacz, a jednocześnie zapełnia pustkę, jaka w nas po takim zabiegu pozostaje. Niestety, prędzej czy później, lekarstwo okazuje się gorsze od choroby. W dodatku masy uzależnionych ludzi gotowe są życiem zapłacić za swoją pozorną, zapożyczoną tożsamość, którą się odurzają. Gorączkowo poszukujemy konfliktu, aby potwierdzać w głębi duszy wiecznie kwestionowane, nasze pozorne rozwiązanie. Uzależnienie zwycięskie nabiera bowiem na jakiś czas pozorów prawdy i odurza nas jeszcze mocniej. Dlatego wojna i konflikt są nieodwołalnie wpisane w nasz świat, w świat uzależnionych umysłów.

Aby wydostać się z tego błędnego koła, musimy przede wszystkim zdać sobie sprawę z tego mechanizmu, z tego, co robimy z naszym życiem. A potem odzyskać wiarę i nadzieję na odnalezienie naszej prawdziwej, jednoczącej wszystkich ludzi, tożsamości. Tylko nie wolno nam ustawać w zapytywaniu, w wątpieniu i w towarzyszącej temu pokorze aż do ostatnich chwil naszego życia.

Wtedy uzależnienie nas nie dogoni, nie stanie się łatwą pokusą, a świat stanie się lepszy.

1 Wyścig szczurów

WYSOKIE OBCASY nr 12
(GW nr 69 z dnia 22.03.2003)

System ekonomiczny, w którym żyjemy, w coraz mniejszym stopniu nam służy. Nie pozwala żyć po ludzku, realizować najistotniejszych aspiracji: potrzeby poświęcania innym czasu i uwagi, potrzeby uczestniczenia w społeczności, która uczy, wspiera i chroni, potrzeby tworzenia trwałych związków, kochania się, przyjaźnienia i wychowywania dzieci, bycia w zgodzie z przyrodą, ze sobą oraz z własnym sumieniem, potrzeby wolnego czasu, wolnej twórczości, doświadczania radości i zachwytu, potrzeby duchowych poszukiwań i czynienia dobra.

Narastająca frustracja z powodu niemożności zaspokojenia tych potrzeb czyni nas coraz bardziej nieszczęśliwymi, agresywnymi, chorymi i zagubionymi. W zamian dostajemy wszyscy tę samą propozycję: mamy stać się super wydajnymi producentami i konsumentami żyjącymi iluzją konsumpcyjnego raju. Wmawiamy sobie, że szczęśliwi są ci, którzy mogą sobie dużo kupić, a w rezultacie naszą wolność redukujemy do wyboru rodzaju śmierci. Albo umrzemy z przepracowania, albo z głodu. Jeśli chcemy mieć czas i siły na robienie tego, czego potrzebujemy bardziej niż powietrza, to nie będziemy mieli na jedzenie i na rachunki, a dzieci będą się nas wstydzić. Ponieważ śmierć z przepracowania wydaje się nam mniej prawdopodobna, stajemy w szeregu budowniczych i żołnierzy systemu, który konsumuje nie tylko produkty i usługi, lecz przede wszystkim tych, którzy mu służą. Mało tego. Pożera nawet ideę, która go powołała do życia i wspiera. Z wolna przeżuwa demokrację. Upragniony wolny rynek okazał się targiem niewolników. Pułapką. Jednokierunkową ślepą uliczką, którą z obłędem w oczach pędzą umęczeni ludzie poruszani uzależnieniem od pracy, pieniądza, słodyczy, alkoholu, seksu, papierosów, narkotyków, leków i przedmiotów – od luksusu, sukcesu, popularności i znaczenia. Nikt nie zważa na tych, którzy padają z wyczerpania porażeni lękiem i rozpaczą – zawstydzeni swoją słabością. A padają zarówno biedni, jak i bogaci, wielcy i mali. Nie łudźmy się. Nie ma takich, którym ten system służy. Ci, którzy wydają się na nim korzystać, w istocie najwięcej tracą, są najbardziej zagrożeni.

Mówimy z autoironią, że uczestniczymy w wyścigu szczurów. Zapominamy, że wyścig nie jest naturalnym sposobem szczurzego życia. Wyścigi zgotowali szczurom ludzie – psychologowie badający w laboratoriach tajemnice mechanizmu uczenia się i inteligencji ssaków.

Wygłodzone szczury wpuszczano do labiryntów i obserwowano, jak prędko nauczą się najprostszej drogi do karmnika. Nie mogąc znaleźć drogi w krętych labiryntach, szczury walczyły i ginęły. Gdy się jej w końcu nauczyły, biegały do upadłego i trudno było zmienić cokolwiek w ich zachowaniu.

Szczury nie miały wyboru. Aby zdobyć coś do zjedzenia i przeżyć, nieświadomie składały swe życie w ofierze na ołtarzu nauki. Ale my nie musimy poświęcać życia dla pieniędzy i przedmiotów. Nikt nas nie wpuścił w ten labirynt. Sami się wpuściliśmy. Skoro tak, to powinniśmy potrafić z niego wyjść.

Problem w tym, że tyle już razy próbowaliśmy tworzyć system służący ludziom i zawsze okazywało się, że to ludzie muszą służyć systemowi. Wygląda więc na to, że przyczyna tkwi w nas – w tym, że nie potrafimy dochować wierności naszym najgłębszym potrzebom.

Czyżby jedyna nadzieja była w tych padających z wyczerpania, doświadczających lekcji pokory wobec własnej człowieczej natury, która zdradzana i ignorowana prędzej czy później upomni się swoje dobra? (Oby tylko chcieli, nie wstydzili się i zdążali dawać świadectwo). Czyżby to oni, którzy nie chcą się już ścigać, byli awangardą nowego wieku? Myślę, że nadzieja również w tych, którzy zechcą być mądrzy przed szkodą – którzy potrafili się zatrzymać, pozwolą własnej duszy, by ich dogoniła, i zaczną jej słuchać. To nie takie trudne. Wystarczy raz dziennie, najlepiej w czasie, gdy przeżywamy spadek energii i pojawia się senność, ·wyłączyć się z wszelkiej aktywności na nie więcej niż dziesięć minut i świadomie, uważnie oddychać, ignorując wszystko, co poza tym pojawia się na widnokręgu umysłu. Poza tym regularnie dzień święty święcić chodząc na długie spacery po lasach i polach. Jeśli jesteśmy już uzależnieni od pracy, pośpiechu i adrenaliny, to raz na rok wyjeżdżajmy na urlop nie krótszy niż trzy tygodnie. Pierwszy tydzień będzie męką detoksu, odtruwania – dogonią nas lęk, niepokój, napięcie. Drugi będzie męką odwyku – dogoni nas smutek i niejasna, acz dojmująca tęsknota. To tęsknota za sobą. Jeśli wytrwamy, to trzeci tydzień stanie się okazją do refleksji, opamiętania i głębokiego wypoczynku. Powodzenia.

2 Zarabiać na siebie

Wysokie Obcasy nr 33
(GW nr 191 z dnia 17.08.2002)

Rozwój człowieka w ogromnej mierze jest podróżą od zależności do autonomii. Najbardziej zależni jesteśmy w brzuchu matki, gdy stanowimy coś w rodzaju wewnętrznego organu związanego z jej organizmem powrozem pępowiny, bez szans na samodzielne istnienie. Ta – idealizowana przez poetów i psychoanalityków – poniżająca sytuacja uwiązania do innej osoby trwa niestety dalej po narodzinach, z tym że teraz rolę pępowiny przejmuje pierś, od której – jak wiadomo – też niełatwo jest się oderwać. Cóż z tego, że po roku zaczynają nam rosnąć zęby, skoro nogi odmawiają posłuszeństwa i nie sposób z zębów zrobić jakiegokolwiek użytku, i tak musimy czekać, aż coś nam włożą do buzi. Dopiero po dwóch latach zaczynamy poruszać się na tyle dobrze, że możemy rozpocząć zwiedzanie świata i brać do buzi, co nam się żywnie podoba – jeśli tylko nie ma w pobliżu nadopiekuńczej mamy albo babci. Rozpoczynamy radosny, długo oczekiwany proces separacji od matki, nie wiadomo dlaczego przez łzawych poetów i psychoanalityków nazywany bolesnym i trudnym. W każdym razie na końcu tego procesu, który nie powinien trwać dłużej niż piętnaście–siedemnaście lat, powinniśmy stać się niezależni, autonomiczni, indywidualni, podmiotowi i genitalni (ten ostatni termin wymyślili psychoanalitycy). Niestety, nic z tego. Okazuje się bowiem, że nawet gdy wszystko poszło dobrze i genitalia mamy na swoim miejscu, to i tak nie mamy szans na samodzielność – bo nie ma dla nas pracy. Wracamy do punktu wyjścia. Znowu nie jesteśmy w stanie przeżyć o własnych siłach. Na nic wieloletnie starania rodziców, abyśmy się nauczyli odpowiedzialnie zarządzać naszym kieszonkowym, by wykształcić w nas nawyk oszczędzania i nauczyć szacunku dla pieniądza zdobywanego ciężką pracą. Nie ma czym zarządzać, nie ma czego oszczędzać, nie ma gdzie i jak zarobić. Ze wszech miar upokarzająca i demoralizująca sytuacja. Wydawać by się mogło, że w równym stopniu upokarzająca i demoralizująca dla mężczyzn, jak i dla kobiet. Otóż nie. Okazuje się, że jak zwykle kobiety mają gorzej.

Gdy mężczyzna jest bez pracy, to wszystko ma ręce i nogi. Nie pracuje – to nie dostaje pieniędzy. Tak długo, jak bezrobocie nie jest jego winą, państwo daje mu zasiłki i odkłada na zasłużoną emeryturę. Tymczasem wiele kobiet, świadomie lub nieświadomie, swoje dorosłe życie zaczyna od macierzyństwa i rodziny. Chwała im za to, bo inaczej naród by już dawno wyginął i nie miałby kto wstępować do UE. Ale niestety, te pełne poświęcenia, niedbające o swój interes kobiety, zanim jeszcze zdążą zdobyć zawód i pracę, lądują na utrzymaniu męża lub partnera. Nie mogą się wtedy zarejestrować jak bezrobotne, nikt im nie płaci zasiłków i nie odkłada na emeryturę. Wpadają z deszczu pod rynnę. Z zależności od rodziców w zależność od męża. W dodatku od razu mają ręce pełne tzw. pracy domowej, która nie zalicza im się do emerytury i za którą nikt im nie płaci.

Dopóki w związku układa się dobrze i istnieje nie tylko wspólnota majątkowa, ale też jakikolwiek majątek, można się czuć w miarę bezpiecznie i radośnie składać w ofierze swoją pracę na ołtarzu rodziny. Gorzej, gdy coś zaczyna się psuć, jest bieda, a w dodatku partner odchodzi, zostawiając kobietę z dzieckiem, śmiesznymi alimentami (jeśli w ogóle), bez środków do życia, bez ubezpieczenia i składki emerytalnej. Jeśli kobieta jest młoda, to może sobie jakoś poradzi, ale co robić, gdy partner znika po dwudziestu- -trzydziestu latach małżeństwa? Wtedy pozostaje opieka społeczna albo łaska dzieci – jeśli są. Tak czy owak jest to kolejna forma upokarzającej zależności. Z drugiej strony strach przed nędzą nierzadko sprawia, że kobiety trwają w związkach, które w innych okolicznościach dawno by porzuciły, i zgadzają się na zbyt daleko idące kompromisy, uprawiając to, co same nazywają prostytucją domową.

Wszystko to razem doprowadza do:

- zahamowania naturalnego procesu rozwojowego kobiety od zależności ku autonomii

- pojawiania się licznych objawów nerwicowych, które można określić jako syndrom domowego zniewolenia, tj. niskiego poczucia wartości, braku szacunku dla siebie, autoagresji, migren, zaburzeń miesiączkowania, zaburzeń łaknienia, osłabienia popędu seksualnego, depresji, bezsenności, bolesności ciała itp., pojawienia się autoagresywnych chorób somatycznych (takich jak nowotwory czy choroby reumatyczne), korozji więzi w relacji z partnerem: on przestaje się starać, „bo ona nie ma gdzie odejść", ona robi zbyt wiele, aby za wszelką cenę utrzymać związek; on traci do niej szacunek, ona zaczyna go skrycie nie znosić itd.

Wbrew marzeniom niektórych prawicowych ideologów i polityków, trwałych związków nie da się zbudować na strachu, uzależnieniu i zniewoleniu jednej ze stron. Nie da się obronić rodziny, utrzymując kobiety w strukturalnej zależności ekonomicznej od mężczyzn. Najtrwalsze są tylko związki dwóch niezależnych psychicznie (a najlepiej także finansowo) podmiotów oparte na wzajemnym szacunku i adekwatnym poczuciu wartości każdego z partnerów. Takie związki mają większą szansę produkować psychicznie autonomiczne dzieci obojga płci. Ale jak to zrobić, skoro tak wielki procent polskich (i zapewne nie tylko polskich) kobiet ma poczucie, że nie zarabia na siebie. Ogromna większość z nich jest, niestety, całkowicie pozbawiona tego decydującego o poczuciu autonomii, godności własnej i o szacunku innych przywileju, żyjąc w przymusie bycia uzależnionym od innych dzieckiem.

Ponoć sześć milionów polskich kobiet pracuje tylko w domu, drugie sześć milionów twierdzi, że pracuje jednocześnie zawodowo i w domu (co nie oznacza bynajmniej, że są one w stanie samodzielnie się utrzymać), ale – uwaga! – 38 proc. tych ostatnich deklaruje, że wolałoby pracować tylko w domu, gdyby warunki· na to pozwalały i gdyby nie musiały się obawiać druzgocącego posądzenia o bycie kurą domową. Trwa spór, czy te 38 proc. jest przy zdrowych zmysłach, czy padło ofiarą syndromu domowego zniewolenia albo też stanowi piątą kolumnę patriarchatu, który – jak ostrzegają niektóre feministki – próbuje utrwalać swoje panowanie, rozważając możliwość jakiejś formy wynagradzania pracy domowej kobiet i uwolnienie jej z odium hańby. Swoją drogą – ciekawe, co by na to powiedzieli psychoanalitycy?

 Plebiscyt: Baśń wszech czasów

Wysokie Obcasy nr 25
(GW nr 144 z dnia 22.06.2002)

Dziś kolejne cztery bajki stają w szranki o tytuł „Baśni wszech czasów".

Zagłosujcie na ulubioną, na tę, którą najczęściej czytali wam rodzice, tę, której najchętniej słuchają wasze dzieci. Za tydzień: *Królowa Śniegu, Nowe szaty cesarza, Kot w butach*. I *Kwiat paproci* według Olgi Tokarczuk.

Cipciuszek

Bardzo blisko i całkiem niedawno, w małym miasteczku, w którym wszyscy wszystkich znają, w trochę za dużym i zbyt bogatym domu, pewnego letniego popołudnia urodziła się dziewczynka. Rodzice, choć niemłodzi i bogobojni, nie ucieszyli się z tych narodzin jak powinni, bo mieli już dwie prawie dorosłe córki i bardzo oczekiwali syna.

Matce było wstyd, a ojciec się upił – co czynił zawsze, gdy coś nie układało się po jego myśli. Tym razem rozpaczał, że nie będzie komu przekazać firmy. Nieprzygotowani na córkę, długo myśleli, jakie dać jej imię. W końcu nazwali ją Afrodytą – imieniem pięknym, ale zbyt dużym i zbyt bogatym. Taką już mieli słabość, że wszystko, co posiadali, było za duże i za bogate.

Gdy mała Afrodyta trochę podrosła, a starsze siostry powychodziły za mąż, ojciec zaczął traktować ją jak syna. Umorusana i pokaleczona pomagała mu w naprawianiu samochodów, umęczona i śpiąca nosiła za nim strzelbę na polowaniach, śmiertelnie znudzona całymi dniami ciągnęła ciężki wózek golfowy i biegała po setki puszek z piwem – bo ojciec często bywał spragniony. Krótko ostrzyżona, zawsze w spodniach, wyglądała zupełnie jak chłopiec. Więc wszyscy brali ją za chłopca i nikt nie używał jej pięknego imienia. W końcu zapomniała, jak się nazywa. Tym bardziej że ojciec wołał na nią „Synka" albo – gdy trochę wypił – „Cipciuszek". To imię lubiła najbardziej, bo brzmiało miękko i pieszczotliwie i Tata brał ją wtedy na kolana, a jej nie przeszkadzało nawet, że przytulał trochę za mocno. Gotowa była na każde poświęcenie, aby tylko znowu usłyszeć Tatę opowiadającego znajomym, jakim jego córka jest dobrym kumplem.

Mama nigdy nie usłyszała z ust Taty czegoś podobnego. Wręcz przeciwnie. Często zwracał się do niej w sposób przykry i obelżywy. Cipciuszkowi żal było mamy, ale też trochę wstydziła się za nią, gdy żałośnie popłakiwała po kątach. Najtrudniej było wtedy, gdy Tata mówił: „Twoja matka jest głupią i beznadziejną kuchtą". Wiedziała, że powinna myśleć tak jak Tata – no bo przecież jest jego kumplem – ale jednocześnie czuła się winna wobec Mamy. Gotowa więc była zrobić dla niej wszystko, aby tylko pozbyć się tego okropnego uczucia. Gdy Mama prosiła, by załatwiła coś z ojcem albo żeby go uspokoiła, to załatwiała i uspokajała. Szukała go nocami po różnych miejscach pełnych pijanych ludzi, ciągnęła i podpierała, żeby doszedł do domu. Tata czasami mówił: „Chodź, przytul się do Taty", a Mama dodawała zniecierpliwiona: „No idź do ojca, jak prosi – będzie spokój". Wstrzymując oddech, leżała wtedy sztywna obok niego, czekając aż zaśnie, a Tata ją przytulał jakoś za mocno. „Nic się nie przejmuj. Jemu już się wszystko myli" – powiedziała Mama, gdy w końcu odważyła się jej o tym powiedzieć. Więc przestała o tym mówić.

Najgorsze było to, że rosły jej piersi, a spodnie w biodrach stały się za wąskie. W ogóle zaczynała wyglądać jak kobieta, a nawet zanosiło się na to, że będzie podobna do Mamy. Starała się to ukrywać, jak mogła. Wpadła nawet na pomysł, że jak nie będzie jeść, to nadal będzie wyglądać jak dobry kumpel Taty i nie będzie miała tego okropnego okresu, o którym myślała, że nigdy jej się nie przydarzy.

Nic nie pomagało. Musiała jeść choć trochę, by podołać wszystkim obowiązkom, i nieuchronnie stawała się taka jak inne. Bardzo się wstydziła przed Tatą i już nie chciała się do niego przytulać. Tym bardziej że wyśmiewał się z niej. Nawet przy ludziach potrafił powiedzieć: „Zobaczcie, jak jej rosną cycki". Mama też zaczęła na nią patrzeć wrogo, a raz nawet powiedziała groźnie: „Żeby ci się tylko chłopaków nie zachciało". Zrozpaczona i smutna chowała się po kątach i czasem przychodziła jej do głowy pocieszająca myśl, że może rodzice nie są jej prawdziwymi rodzicami.

W końcu – gdy kiedyś ciągnęła do domu chwiejącego się ojca, a on się przewrócił, zwymiotował i zsikał, a ona nie miała siły go podnieść, cała się pobrudziła i nikt jej nie chciał pomóc – usłyszała, jak zatrzymuje się samochód i ktoś mówi: „Dziecko, zostaw tego pijaka". Wtedy poczuła, że serce jej pękło i świat się zawalił. Płacząc, biegła przed siebie, nie wiedząc dokąd. Gdy w końcu nieprzytomna ze zmęczenia przystanęła i miała w głowie tylko jedną myśl: „Niech mnie ktoś stąd zabierze!", znowu usłyszała zatrzymujący się samochód i ten sam męski głos: „Chodź, mała, podwiozę cię".

Samochód był piękny i srebrzysty. Tak bardzo chciała się gdzieś schować, że nie wiedziała, kiedy znalazła się w środku. Zatrzasnęła drzwi.

W jednej chwili zrobiło się cicho i bezpiecznie. Ładnie pachniało i dyskretnie grała muzyka. „Jak się nazywasz?" – zapytał duży, krótko ostrzyżony mężczyzna. „Cipciuszek" – odpowiedziała odruchowo i zawstydziła się natychmiast. Mężczyzna śmiał się serdecznie dłuższą chwilę: „Cipciuszek! O w mordę! Ja się zabiję! Kto cię tak nazwał?". „Naprawdę to nazywam się... Afrodyta" – wydukał czerwony jak rak Cipciuszek. „To już lepiej" – z uznaniem stwierdził mężczyzna. I dodał: „Mnie nazywają Książę".

Ludzie, którzy to widzieli, opowiadali potem, że srebrzysty samochód z piskiem opon ruszył w kierunku przedmieścia.

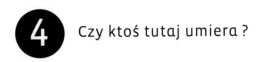

4 Czy ktoś tutaj umiera ?

WYSOKIE OBCASY nr 36
(GW nr 269 z dnia 17.11.2001)

„Kto umiera?"[1] – to bulwersujące pytanie znienacka wkręciło mi się w mózg, gdy niczego się nie spodziewając, przystanąłem na chwilę przed witryną księgarni. Księgarnie są niebezpieczne. W przeciwieństwie do telewizji nigdy nie wiadomo, co tam człowieka może spotkać, nawet jeśli chce sobie tylko popatrzeć na tytuły.

„Kto umiera?" – jak można przechodniów atakować takim pytaniem? Natychmiast powróciło do mnie wspomnienie traumatycznego doświadczenia z czasów chłopięcych, gdy w podobnych okolicznościach zaatakowało mnie pytanie wypisane czerwonymi literami na okładce książki poczytnego wówczas pisarza. Z okładki waliło po oczach: „Komu bije dzwon?". Na dodatek na

1 Stephen Levine, *Kto umiera? Sztuka świadomego życia i świadomego umierania*, Szafa 2001.

33

przedtytułowej stronie książki przeczytać można było złowieszczą odpowiedź, której konkluzja brzmiała: „Bije on tobie". Długo nie mogłem się z tym pogodzić i nie pamiętam, kiedy w końcu się poddałem. Zauważyłem tylko, że niepostrzeżenie zacząłem słuchać bicia dzwonów, tak jakby biły one dla mnie. Całą przyjemność z bicia dzwonów popsuł mi ten... Hemingway.

A teraz znowu kolejne natarczywe pytanie – „Kto umiera?". Takie pytania powinny być zakazane. Mieszają ludziom w głowach. Czym to się skończy? Czy to nie dość, że jak komuś dzwoni, to mnie dzwoni? Czy ja muszę się koniecznie jeszcze zastanawiać nad tym, kto umiera, gdy ja sam umieram?! A poza tym – o co chodzi? Jak ja umieram, to ja umieram. I proszę mi tego nie podawać w wątpliwość. Są na to gotowe odpowiedzi. Wystarczy sobie poczytać.

A jakże niestosowny i niesmaczny jest ten czas teraźniejszy użytego w pytaniu czasownika „umierać". Tłumacz powinien wiedzieć, że ta forma tego czasownika u nas zanika, że o śmierci mówi się tylko w czasie przyszłym i przeszłym. Np. „kiedyś pewnie umrę" albo „umarł nieszczęśnik", albo jak w nekrologach, gdzie elegancko unika się tego niezręcznego słowa, informując zainteresowanych, że np. „odszedł od nas po długiej walce z nieustępliwą chorobą itd.".

Śmierć jest czymś, co kiedyś się zdarzy lub już

się zdarzyło, a wtedy trzeba po tym niefortunnym wydarzeniu szybko posprzątać i zapomnieć. A tutaj autor – zapewne Amerykanin – nieświadomy naszej świętej tradycji, prosto z mostu, na wejściu, z okładki pyta nie o to, kto umarł, ani nie o to, kto umrze – tylko o to, „kto umiera".

Oj, nieładnie tak pytać, panie Levine. Ja sobie wypraszam. Nikt tutaj nie umiera. Ci, co mieli umrzeć, już umarli – spokojnie, za parawanem, wśród zakłopotanej kolejną porażką w walce ze śmiercią służby zdrowia – a ci, co kiedyś umrą, jeszcze żyją. Proszę mi też nie sugerować, że umiera się całe życie. Ja w każdym razie nie umieram! Gdybym umierał, to by mnie już nie chcieli ani w telewizji, ani w gazetach. Umieranie, panie Levine, jest tak nieestetyczne i zawstydzające, że nawet „Big Brother" z pewnością nigdy nie zechce czegoś takiego pokazywać.

Wielki Mądry Brat wie, czego nam trzeba, i nigdy nie skrzywdziłby nas widokiem umierających staruszków w jakimś domu Wielkiego Starca czy Spokojnej Śmierci, nie mówiąc już o Wielkim Hospicjum czy czymś w tym rodzaju. Brrr! Aż się włos jeży na samą myśl. On na szczęście rozumie, że my się chcemy dobrze bawić i że najbardziej cieszą nas forsa, cwaniactwo, podglądactwo, seks i zabijanie na ekranie. I możemy to sobie w naszej telewizji pooglądać w każdej chwili – i jest wesoło. Nawet w gazetach prawie nie drukują informacji o tym, że ktoś zachorował albo że właśnie choruje, albo że – nie daj Boże – odchodzi. Gdy już jest po wszystkim, to możemy sobie poczytać podniosłe nekrologi. Tak wzruszające, że czasami aż się chce samemu odejść. Nawet ci najbardziej znani, mądrzy i kochani znikają gdzieś ze swoim chorowaniem i umieraniem i możemy spokojnie o nich zapomnieć. Niewidzialna cenzura rynku oszczędza nam nawet widoku starych twarzy. No, może z wyjątkiem Papieża. Czasami tylko natknąć się można na jakieś stare Indianki czy Murzynów, ale nie ma się czym przejmować, bo to tylko etnologiczne ciekawostki. U nas, panie Levine, nie ma umierania i nie ma starych. Są tylko młodzi i martwi. W nadziei, że w środku kryje się krótka odpowiedź na pytanie z okładki, z determinacją wkroczyłem do księgarni i poprosiłem o egzemplarz. Niestety – nie było żadnego wyjaśniającego motta. Zajrzałem więc do spisu treści. Tytuły rozdziałów były porażające. Zatrzasnąłem książkę, ale i tak kilka z nich wryło mi się w pamięć: „Otwieranie się na śmierć", „Niebo i piekło", „Praca z bólem", „Puszczanie kontroli", „Praca z umierającym", „Świadome umieranie". Okropne! Do dziś nie mogę się otrząsnąć!

Tak więc nie wiem, dlaczego ta książka w ogóle się ukazała. To z pewnością jakieś przeoczenie, które może przynieść zgubne skutki, odciągając ludzi od telewizorów i komputerów – i w ogóle popsuć nam zabawę. Wprawdzie mój dobry znajomy Paulo Coelho zapewniał mnie ostatnio, że Śmierć jest najlepszym nauczycielem życia i że, jak nie wiem, co mam zrobić, to powinienem pytać Śmierci o radę – ale kto by tam wierzył w takie rzeczy.

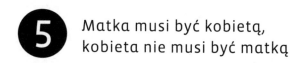

5 Matka musi być kobietą,
kobieta nie musi być matką

Wysokie Obcasy nr 22
(GW nr 128 z dnia 02.06.2001)

Kobiety żyły, by rodzić, aż wywalczyły sobie prawo do rezygnacji z macierzyństwa. Mając wybór, muszą odpowiedzieć sobie na pytanie, czym ono dla nich jest. A jest wiele powodów, dla których kobieta decyduje się na dziecko lub z niego rezygnuje.

Macierzyństwo, przyrodzone dziedzictwo kobiety, bywa czasami darem niechcianym. Jeśli z jakichś powodów nie chce ona z niego skorzystać, może próbować o nim zapomnieć albo się go wyrzec, ale i tak pozostanie ono jej dziedzictwem – tyle że zapomnianym lub niewykorzystanym. Z przyrodzonym dziedzictwem nie da się nic nie zrobić, nie sposób go zignorować. Każda kobieta musi się w jakiś sposób do niego odnieść, by ułożyć sobie stosunki ze światem.

Przez wieki uważano, że kobiety w sprawie

rodzenia dzieci nie mają i nie powinny mieć nic do powiedzenia, że istnieją jedynie po to, by rodzić, i wszelkie inne pomysły na życie to podejrzane fanaberie. Ale rozpoczęty sto lat temu proces odzyskiwania przez kobiety wolności i godności musiał zakwestionować ten dogmat. Wolność i godność nie dają się przecież pogodzić ani z koniecznością, ani z przymusem. Macierzyństwo rozumiane jako biologiczna czy obyczajowa konieczność, a także jako skutek ideologicznego nacisku, jest dla coraz większej liczby kobiet nie do przyjęcia. Jednocześnie nie do przyjęcia stają się także biologiczne bariery stojące na drodze do jego realizacji tym, które o byciu matką marzą.

Dlatego kobiety śmiało i coraz bardziej świadomie dążą, by macierzyństwo odideologizować i odpaństwowić, uczynić je przedmiotem wolnego, indywidualnego wyboru, a tym samym przywrócić mu jego właściwą rangę – rangę cnoty. Trudno odmówić słuszności tym dążeniom. Panuje w tej sprawie ogromne zamieszanie i nadal stosunkowo niewiele kobiet w sposób świadomy i wolny podejmuje decyzje dotyczące macierzyństwa. W rezultacie dzieci rodzą się lub nie rodzą z najróżniejszych powodów, często nie mających nic wspólnego z wzniosłym macierzyńskim posłannictwem czy uświadomioną potrzebą podtrzymania gatunku. Mamy więc macierzyństwo instynktowne – czyli dziecko za wszelką cenę. Czasami ta potrzeba jest tak silna, że staje się nieważne z kim, gdzie i za co. Przeszkody i niedostatki są wynagrodzone faktem posiadania dziecka. Macierzyństwo wywalczone, czyli rodzenie dziecka wbrew biologicznym ograniczeniom dzięki pomocy medycyny. Jego przeciwieństwo to macierzyństwo utracone, niespełnione na skutek biologicznych ograniczeń, błędów w sztuce medycznej, wypadków, niemożności znalezienia partnera. Takie sytuacje prowadzą czasem do macierzyństwa zastępczego – opieka nad dziećmi osieroconymi lub porzuconymi.

Jest też macierzyństwo zaprzeczone – z braku pozytywnych wzorów, z powodu własnego zbyt trudnego dzieciństwa instynkt zostaje wyparty. W jego miejsce może się pojawić niechęć do posiadania dzieci. Macierzyństwo wymuszone bywa skutkiem gwałtu (także małżeńskiego), niefrasobliwości, nieznajomości antykoncepcji, czasem spowodowane jest brakiem możliwości przeprowadzenia legalnej aborcji. Macierzyństwo konformistyczne bierze się z obawy przed wyróżnianiem się z otoczenia, z potrzeby upodobnienia się do większości. Macierzyństwo pragmatyczne – traktowane jako sposób zapewnienia sobie ekonomicznego bezpieczeństwa, zabezpieczenia na starość, uzyskania cieszącego się szacunkiem statusu matki itp., a także zespolenia rodziny i przywiązania mężczyzny.

Macierzyństwo ideologiczne – w imię wyższych idei, takich jak: prawo natury, nakaz boski, dobro narodu, interes grupy etnicznej czy religijnej.

Macierzyństwo romantyczne – z chęci obdarowania potomstwem ukochanego mężczyzny.

Macierzyństwo egzystencjalne – z potrzeby nadania sensu i znaczenia swojemu życiu.

Macierzyństwo transcendentalne – z potrzeby osobistego i bezpośredniego uczestniczenia w tajemniczym misterium stworzenia i doświadczenia w kontakcie z dzieckiem transcendentalnego wymiaru miłości. (Rodzenie dzieci bywa okazją do takich doświadczeń, ale nie jest okazją jedyną).

Macierzyństwo poświęcone – świadoma i trudna rezygnacja z dzieci w imię wyższych celów religijnych, społecznych, a także w imię realizowania własnego talentu, pasji czy kariery zawodowej.

Te różnorakie macierzyńskie motywacje oczywiście się nie wykluczają. Na ogół wiele powodów decyduje o tym, czy macierzyński potencjał kobiety zostanie zrealizowany poprzez posiadanie dzieci czy w jakiejś innej formie.

Rodzicielstwo nie zawsze jest radośnie praktykowaną i kultywowaną cnotą. Wiąże się z trudem i odpowiedzialnością, którym nie wszyscy potrafią sprostać.

Natomiast macierzyństwo poświęcone, utracone czy nawet zaprzeczone, nie mówiąc o zastępczym, bywa niezwykle pożytecznym i godnym szacunku sposobem realizowania macierzyńskiego dziedzictwa.

Czy kobieta-matka to bardziej kobieta niż kobieta-niematka? Często uważa się, że tak. Ale w rzeczywistości kwestia kobiecości i macierzyństwa nie daje się sprowadzić do rodzenia dzieci.

Bycie matką to przede wszystkim trudny i odpowiedzialny zawód. Praca wykonywana przez znaczną część kobiet z większą lub mniejszą wprawą, zaangażowaniem i satysfakcją. Jak każda inna praca daje okazję do wzlotów i upadków. Sama przez się nikogo nie nobilituje.

6 Bez mężczyzny żyć się nie da

WYSOKIE OBCASY nr 13
(GW nr 77 z dnia 31.03.2001)

Dlaczego kobiecie nie wolno nie rodzić, żyć samodzielnie, pracować i dobrze zarabiać? To tendencyjnie sformułowane pytanie zadała mi młoda, zapewne początkująca feministka, najwyraźniej nie zorientowana we współczesnej wiedzy z zakresu psychologii i socjologii kobiety – nie mówiąc już o znajomości praw boskich i naturalnych. Popatrzyłem na nią ze współczuciem, posadziłem wygodnie, wziąłem za ręce i głębokim głosem zacząłem tłumaczyć jak dziecku: Po pierwsze, moja droga, nie jest tak, że kobiecie tego wszystkiego nie wolno. Kobieta sama z siebie tego nie chce, bo oznaczałoby to rezygnację ze wszystkiego, co dla niej naturalne i właściwe. Powszechnie wiadomo i wielokrotnie naukowo to potwierdzono, że każda normalna kobieta ponad wszystko pragnie mieć dzieci, dobrze zarabiającego męża, siedzieć w domu, oglądać seriale telewizyjne i czekać na powrót małżonka z pracy z talerzem gorącej zupy na stole. Przede wszystkim jednak – po to, aby wypełnić swe biologiczne i społeczne posłannictwo i spłacić dług zaciągnięty u Mężczyzny jeszcze w Raju – kobieta pragnie rodzić i dostarczać światu nowych, nieustraszonych bojowników konsumeryzmu, korporacjonizmu, globalizmu i pracoholizmu, gotowych zarobić i wydać każde pieniądze, a nawet poświęcić młode życie za sprawę ekonomicznej koniunktury i wysokiego poziomu wydatków.

Zrobiłem pauzę na oddech i zachwycony swoją żarliwą elokwencją ciągnąłem dalej, odnotowując z satysfakcją, że mojej słuchaczce lekko zwilgotniały oczy. Każda normalna kobieta potrzebuje więc mężczyzny, choćby po to, żeby zrealizować to swoje szczytne macierzyńskie posłannictwo i dobrze wie, że w tej sprawie trzeba się śpieszyć i nie wolno kaprysić ani przebierać. Bowiem w dzisiejszych czasach o mężczyznę nie jest łatwo. Co piąty ma kłopoty z płodnością. Co czwarty woli przez szesnaście godzin na dobę oddawać się ukochanej pracy niż kobiecie, zaś w pozostałym czasie cementuje przy piwie i transmisjach meczów piłkarskich swoje męskie przyjaźnie po to, aby stawić solidarny opór rozpasanej, kobiecej seksualności i nie dać się wrobić w dzieci. Co piętnasty jest codziennie pijany.

Co siódmy opuszczony przez ojca i dożywotnio uzależniony od matki. Co dwudziesty, z różnych powodów, nie może dożyć czterdziestki. Jeśli zaś chodzi o twoją pracę, to pamiętaj, że co dziesiąty mężczyzna jest bezrobotny – a nie ma nic gorszego, jak mężczyzna siedzący w domu lub z nudów włóczący się po ulicach. Nigdy nie wiadomo, co takiemu strzeli do głowy. Dlatego rywalizowanie z mężczyznami na rynku pracy z pewnością nie leży w interesie kobiet. Więc jeśli chcesz się zasłużyć Bogu i Ojczyźnie, to jak najszybciej wyjdź za mąż, urodź dużo dzieci, siedź w domu i ciesz się, że się w ogóle załapałaś.

Znowu nabrałem oddechu, z radością obserwując jak na twarzy mojej słuchaczki pojawia się wyraz przerażenia, a nawet paniki. Czas przejść – pomyślałem sobie – do pozytywnej części mojej oracji. Nie martw się – powiedziałem czule. Gdyby ci przypadkiem coś zmysły pomieszało i zechciałabyś sprzeniewierzyć się sobie i naturalnemu prawu, rezygnując z rodzenia i związania się na zawsze z mężczyzną, gdyby zachciało ci się satysfakcjonującej pracy i dobrych zarobków – to wiedz, że mądrzy mężczyźni tak wszystko wymyślili, żebyś mogła szybko znaleźć swoje miejsce w szeregu. Rychło odkryjesz, że bez mężczyzny nie sposób bezpiecznie się poruszać po ulicach, plażach, polach i lasach tego pięknego świata. Szczególnie po zmroku. Narazi cię to bowiem albo na przymusowe podziwianie obnażonych męskich organów, albo obmacywanie, albo na gwałt i rabunek.

Podobne niebezpieczeństwa czyhać będą na ciebie przy okazji korzystania z windy, wybierania pieniędzy z bankomatu, robienia zakupów w hipermarketach, a nawet wtedy, gdy wybierzesz się samotnie do kina, teatru czy restauracji.

Nie będziesz zapraszana na prywatki i przyjęcia, stanowiłabyś bowiem niebezpieczną konkurencję dla szczęśliwych posiadaczek partnerów. W pracy będziesz narażona na niestosowne propozycje i podejrzewana o to, że karierę robisz bynajmniej nie dzięki mądrej głowie. Twoje życie seksualne stanie się obiektem najdzikszych domysłów i wyuzdanych fantazji twego otoczenia. Prędzej czy później przylgnie do ciebie etykietka lesbijki, dziwki, dziwaczki czy czegoś jeszcze, co by ci nawet do głowy nie przyszło. W najlepszym wypadku uznana zostaniesz za skrajną egoistkę, używającą środków antykoncepcyjnych i wczesnoporonnych. Ale to jeszcze nie wszystko. Jak dobrze wiesz, nasze sprawdzone tradycje wychowawcze i programy szkolne czynią z kobiet istoty całkowicie bezradne wobec najprostszych problemów technicznych. Tak więc, pozbawiona mężczyzny, będziesz nieustannie zdana na korzystanie z usług tak zwanych fachowców. Na widok jakiegoś pana Frania wbijającego gwóźdź w ścianę czy dolewającego oleju do silnika twego samochodu, wpadać będziesz w bezgraniczny, cielęcy zachwyt. A fachowcy bezpardonowo wykorzystywać będą twoją ignorancję i naiwność, wystawiając ci zawyżone rachunki, co sprawi, że stracisz znaczną część swoich dochodów.

Sama widzisz, że wszystko jest tak urządzone, aby w razie czego kobietę łagodnie sprowadzić na drogę spełniania jej naturalnej roli i związanych z tym obowiązków. Bez mężczyzny żyć się nie da. Gdybyś jednak kiedyś, opętana pychą, zdecydowała się na samotne macierzyństwo albo nie zdołała na skutek braku pokory i tolerancji utrzymać przy sobie mężczyzny, to wiedz, że musisz mieć dobrą pracę i dużo pieniędzy. Ani państwo, ani nikt inny nie pomoże ci w samotnym wychowywaniu dziecka. Poniesiesz zasłużoną karę.

Tu skończyłem, i gdy w oczach mojej słuchaczki dojrzałem wyraz głębokiej rezygnacji, uznałem, że dobrze poszło i odetchnąłem z ulgą. Nie patrząc na mnie, zbierała się do odejścia, ale w progu odwróciła się jeszcze i ze łzami, które uznałem za łzy wdzięczności i ulgi – zapytała: A jeśli mimo wszystko będę dalej chciała nie mieć dzieci, żyć sama, mieć dobrą pracę i dużo zarabiać? To – odpowiedziałem z krzepiącym uśmiechem – przyjdź do mnie na psychoterapię.

7 Krótka pamięć, mit
słodkiego dzieciństwa

Wysokie Obcasy nr 1
(GW nr 5 z dnia 06.01.2001)

Wbrew temu, w co chcemy wierzyć, dzieciństwo i dojrzewanie to dla wielu z nas czas trudny i bolesny.

Jesteśmy tak bez reszty zdani na łaskę i niełaskę naszych opiekunów, całkowicie bezradni wobec zaskakujących i niezrozumiałych zwrotów losu, wrażliwi i otwarci na dobre i złe wpływy. Łatwo wtedy wykorzystać naszą bezgraniczną miłość i ufność. W dzieciństwie, szczególnie w tym trudnym, świat dorosłych jawi się nam jako niezrozumiały, nieprzewidywalny, często przerażający, pełen nienawiści i przemocy, chorych ambicji, lęku i hipokryzji. Za mało w nim ciepła, dobrych uczuć, szacunku i uczciwości, niezbędnych dzieciom do pełnego rozwoju. Gdyby dzieciństwo wszystkich, którzy zapamiętali je jako szczęśliwe, naprawdę takie było, świat z pewnością nie wyglądałby tak źle, jak wygląda. Wydaje mi się, że mit słodkiego, bajkowego dzieciństwa swoją popularność zawdzięcza jedynie powszechnemu zanikowi pamięci. Ta amnezja może być wybiórcza albo całkowita. Wybiórcza pozostawia ślady chwil szczęśliwych, które często są jedynie chwilami względnego spokoju. Nasza pamięć przypomina wówczas zawartość rodzinnego albumu, w którym przechowujemy wyłącznie obrazy chwil pogodnych, podniosłych lub nijakich (komu przychodzi do głowy fotografowanie rodzinnych tragedii – awantur, bólu czy rozpaczy?). Natomiast amnezja całkowita to ogromna czarna dziura, ogarniająca najczęściej pierwsze siedem lat życia. Nierzadko potrafi ona pochłonąć dziesięć, dwanaście, a nawet czternaście wiosen i zim. Z perspektywy dziecka jeden rok to niewyobrażalnie długi czas. A co dopiero dziesięć lat, stanowiących siódmą część statystycznego życia! Jak można zapomnieć taki bezmiar zdarzeń?

Oczywiście, tracimy pamięć, bo nie chcemy pamiętać tego, co było bolesne, upokarzające, przerażające. Pragniemy żyć mimo wszystko i jakoś układać sobie stosunki z tymi, którzy w naszym życiu grają jednocześnie role dręczycieli i dobroczyńców. W dzieciństwie byliśmy nieodwołalnie na nich skazani.

Poruszającą relację z procesu odzyskiwania pamięci, a zarazem przekonujące wyjaśnienie powodów i mechanizmów wypierania ze świa-

domości zbyt trudnych dziecięcych wspomnień,
możemy znaleźć w bezkompromisowej książce
Alice Miller *Pamięć wyzwolona*[1]. Wiele obserwacji
wskazuje, że zjawisko znikania z pamięci ogrom-
nych obszarów wspomnień znacząco częściej
dotyczy kobiet. Potwierdza to przypuszczenie,
że w patriarchalnym świecie żyje się trudniej
nie kobietom, lecz przede wszystkim dziewczyn-
kom. Bardzo radykalny pogląd ma na ten temat
amerykańska psychoterapeutka Judith Lewis
Herman, autorka książki *Przemoc: uraz psychiczny i powrót do równowagi*[2]. Uważa ona,
że to, co tradycyjnie uznaje się za często wystę-
pujące u kobiet (ale także u mężczyzn) objawy
tzw. nerwicy histerycznej, czyli chaos myślowy
i emocjonalny, nadmierna uczuciowość, słabe
odczuwanie ciała – to w gruncie rzeczy zespół
objawów potraumatycznego szoku. Tego samego, który dotyka wystawionych na ekstremalny
stres żołnierzy i nazywanego wówczas syndro-
mem wyczerpania walką. Zaburzenia pamięci są
jednym z objawów tego syndromu.

Jest to z pewnością prawda, ale nie cała.
Źródłem traumy w życiu dziewczynek, inaczej niż

59

1   Alice Miller, *Pamięć wyzwolona*, Jacek Santorski & Co, War-
     szawa 1994.

2   Judith Lewis Herman, *Przemoc: uraz psychiczny i powrót
     do równowagi*, Gdańskie Wydawnictwo Psychologiczne,
     Gdańsk 1998.

u żołnierzy, nie są bowiem wyłącznie mężczyźni. Dręczycielami kobiet i dziewczynek są często inne kobiety – nadopiekuńcze matki, zimne opiekunki, despotyczne nauczycielki. Brzmi to jak banał. Zarówno w literaturze pięknej jak i psychologicznej, dużo na ten temat już napisano. A jednak wygląda na to, że współczesne świadectwa cierpień dziewczynek powodowanych przez kobiety są lekceważone, podlegają spontanicznej społecznej cenzurze. Źle przyjmowane przez krytykę, nie kupowane i nie czytane świadectwa szybko nikną w zbiorowej niepamięci. To zrozumiałe. Gdy zadamy sobie dużo trudu, żeby o czymś zapomnieć, bardzo nie lubimy, gdy nam się o tym przypomina. Można zrozumieć, że patriarchat nie chce wiedzieć, w jak destrukcyjny sposób odciska się na często niewyobrażalnie tragicznych losach matek i ich córek. Ale także kobiety nie chcą wiedzieć o tym, jak wiele z nich, nie zdając sobie z tego sprawy, stało się zakładniczkami patriarchatu – matkami i opiekunkami, które wiernie służą swemu panu odpowiednio wychowując dziewczynki. Niechęć do przeglądania się w bezlitosnym lustrze pamięci spowodowała falę krytyki ważnej i pomocnej książki Susan Forward *Toksyczni rodzice*[1]. Za tym nieprzyjemnie brzmią-

60

<hr />

[1] Susan Forward, *Toksyczni rodzice*, Jacek Santorski & Co, Warszawa 1992.

cym określeniem kryją się rodzice, którzy utracili pamięć o swoim dzieciństwie i zgodnie z zasadą, że ofiara szuka ofiary, traktują swoje dzieci tak samo źle, jak sami byli traktowani. Zidentyfikowali się w pełni z rolą rodzicielską. Dzięki temu zapewnili sobie możliwość protestowania przeciwko obciążaniu ich winą za cierpienia własnych dzieci. Podobny los spotyka na naszym podwórku dwie książki Hanny Samson, mojej koleżanki po fachu: *Zimno mi mamo*[1] i *Pułapkę na motyla*[2]. Autorka przedstawia w nich psychologiczne biografie kobiet dręczonych przez patriarchalne obyczaje rękami patriarchalnych matek. Te trudne, prawdziwe, inteligentne i ciekawie napisane książki z oczywistych powodów nie są doceniane przez męską część literackiej krytyki. Ale niepokojące jest, że lekceważy je też krytyka kobieca – nawet ta poważnie traktująca myśl feministyczną. Czyżby potrzeba podtrzymania dogmatu Zawsze Dobrej Matki i Kobiecej Solidarności domagała się zastąpienia prawdy nieprawdą?

Nie bójmy się swojej pamięci. Przeżyliśmy dzieciństwo, przeżyjemy i pamięć o nim. Odzyskanie pamięci, szczególnie pamięci uczuć, jest podsta-

1 Hanna Samson, *Zimno mi mamo*, wyd. Open, Warszawa 2000.

2 Hanna Samson, *Pułapka na motyla*, W.A.B., Warszawa 2000.

wą umiejętności współodczuwania i daje nadzieję, że nie uczynimy naszym dzieciom tego, co nam uczyniono. Pamięć i świadomość, bez względu na to, jak niewygodne i bolesne, stanowią przecież niezbędny początek każdej przemiany.

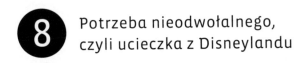

8 Potrzeba nieodwołalnego, czyli ucieczka z Disneylandu

Wysokie Obcasy nr 42
(GW nr 247 z dnia 21.10.2000)

W naszym świecie i w naszym życiu coraz gwałtowniej zaczyna ubywać spraw i okoliczności nieodwołalnych. Można powiedzieć, że ludzka rasa wypowiedziała wojnę wszystkiemu, co do niedawna wydawało się nie do odwołania i często decydowało o naszym poczuciu tożsamości. Odwołalne stały się prawie wszystkie nasze decyzje i wybory. Chętnie i często zmieniamy poglądy i światopoglądy. Coraz trudniej w związku z tym przychodzi nam odróżniać odważnych i mądrych od koniunkturalnych graczy, oportunistów i głupców. Nasze śluby i przysięgi, czy to małżeńskie, czy państwowe, narodowe czy wojskowe już dawno uczyniliśmy odwołalnymi. Nagminnie odwołujemy dane słowo i obietnice. Można się nawet odwołać z rodzicielstwa, oddając dziecko do adopcji czy instytucji wychowawczej.

Bez większego trudu możemy odwołać naszą narodowość i obywatelstwo. Możemy odwołać nasze imię i nazwisko i wymyślić sobie jakieś inne.

Odwołalne staje się to, co dotychczas było definitywnym zrządzeniem losu, wręcz przeznaczeniem. I tak możemy odwołać rysy własnej twarzy, kolor włosów, kształty i krzywizny sylwetki, a nawet kolor skóry i płeć. Z coraz lepszym skutkiem próbujemy odwoływać upływ czasu, usuwając z naszych ciał jego ślady. Jeśli zechcemy i będziemy mieli trochę szczęścia do dawców, to możemy odwołać cielesne skutki chorób, zaniedbań i autodestrukcji. Postępy w hodowli tkanek i organów mogą nas wkrótce całkowicie uwolnić od przykrej konieczności troszczenia się o ciało. Zaczynamy nawet fantazjować o przeszczepieniu głów i mózgów, co dawałoby możliwość odwoływania także tych nabytych przez doświadczenie cech charakteru i historii naszego życia. Zanosi się też na to, że niebawem będziemy w stanie zmieniać wyniki boskiej ruletki, która w momencie zapłodnienia decyduje o naszym genotypie, czyli o formie i predyspozycjach naszego organizmu i psychiki. Oczywiście, chcielibyśmy odwołać także to, co filozof Seneka nazwał prawdziwym darem Boga, jedyną rzeczą, której nikt nie może nam odebrać – czyli śmierć. Od wielu lat gdzieś w Ameryce zamrożone w ciekłym azocie zwłoki zamożnych i zapobiegliwych czekają na ciała zmartwychwstanie. Tymczasem genetycy gorączkowo poszukują genu wiecznej młodości. Film *Park Jurajski* zaraził nas wizją odwoływania decyzji przyrody, które sprawiły, że z powierzchni ziemi zniknęły gatunki prehistorycznych zwierząt. W sferze polityki i ideologii nieustannie podejmujemy próby odwoływania wyroków historii i reanimowania ideologicznych dinozaurów. W sumie wygląda na to, że naszym zbiorowym marzeniem jest przekształcenie świata, w którym żyjemy, w coś w rodzaju gigantycznego Disneylandu, w którym nic nie dzieje się naprawdę, nic nie jest ostateczne i nieodwołalne, wszystko może być wybaczone i odpuszczone, a życie jest nieustannym piknikiem, zabawą i balem przebierańców. Niewątpliwie ci, którzy sprzedają nam iluzję realizacji tego marzenia, mają się dobrze. Ale na szczęście gdzieś głęboko w naszych sercach tli się niegasnąca iskierka tęsknoty za życiem prawdziwym, doniosłym i nieodwołalnym.

Warto o niej pamiętać, bo to zgoda na nieodwołalne, a nie ucieczka przed nim ma moc prawdziwie wyzwalającą.

9 Podglądanie samego siebie

Wysokie Obcasy nr 38
(GW nr 223 z dnia 23.09.2000)

Ale się narobiło. Podglądanie staje się jawne, dozwolone, właściwe i nobilitowane do rangi sztuki. Ci, którzy czynią sztukę z podglądania, zaliczani są do artystycznej awangardy, ci, którzy dają się podglądać, zarabiają na tym krocie.

Programy telewizyjne i filmy oparte na pomyśle ukrytej kamery od lat cieszą się ogromnym powodzeniem. Jakaś para amerykańskich aktorów sprzedawała z dobrym skutkiem kasetę wideo z nagraniem ich własnego aktu miłosnego. W Internecie odnaleźć można płatne strony oferujące nieprzerwaną, dwadzieścia cztery godziny na dobę, transmisję ze wszystkich pomieszczeń prywatnych mieszkań.

Bodajże w Chile ktoś postawił szklany dom, w którym wynajęta aktorka, udając, że nic o tym nie wie, dawała się podglądać zgromadzonym tłumom we wszystkich okolicznościach codziennego życia. W Europie robi furorę program telewizyjny, oparty na prostej zasadzie podglądania kilkunastu ochotników w specjalnie do tego celu zbudowanym budynku. Podglądamy się wszyscy nawzajem. W oknach blokowisk wieczorami pojawiają się coraz doskonalsze lunety. W łazienkach i sypialniach coraz więcej luster. Seksuolodzy parom, które cierpią na zanik chęci do kochania się, zalecają spróbować przy włączonej kamerze wideo (podobno skutki są rewelacyjne). Łaźnie, sauny i plaże, gdzie bezpiecznie i za społecznym przyzwoleniem możemy się pokazać obcym na golasa i napatrzeć do syta na innych obcych golasów, od zawsze były chętnie odwiedzane przez tłumy. Zdjęcia znanych ludzi fotografowanych bez ich wiedzy w prywatnych sytuacjach potrafią wielokrotnie podnieść nakłady gazet. Zaryzykowałbym twierdzenie, że wszyscy ludzie przy zdrowych zmysłach odczuwają potrzebę podglądania i przeżywają dreszcz obcowania z tajemnicą choćby przy okazji obserwowania zwykłych codziennych czynności bliskiej osoby, gdy ta nie zdaje sobie sprawy z tego, że jest podglądana. Dlaczego tak chętnie patrzymy na twarze śpiących? Czego w nich szukamy? Co chcemy zobaczyć?

A czyż obcowanie z literaturą, teatrem, filmem, malarskim portretem i aktem, z rzeźbą przedsta-

wiającą ludzkie postacie, nie mówiąc już o foto-
grafii – nie jest szlachetną formą podglądania,
uczestniczenia w prywatnym, intymnym, a nawet
wewnętrznym życiu obcych nam ludzi? Chyba
już wystarczy tej wyliczanki i wydziwiania nad
ogólnoludzką potrzebą podglądania. Czas się do
tego głośno przyznać i zastanowić, co za tym
stoi. Odpowiedź się narzuca. My, ludzie, stanowimy sami dla siebie wielką tajemnicę. Pragnienie
przeniknięcia tej tajemnicy łączy nas wszystkich,
od zarania dziejów. Od zarania dziejów szukamy
też metody, sposobu na to, aby wreszcie ujrzeć
i zrozumieć samych siebie.

Podejrzewamy słusznie, że gdzieś pod kostiu-
mami i maskami pozorów, w które przebieramy
się na co dzień, kryje się prawda o nas samych,
prawda ujawniająca się w chwilach, gdy nikt
na nas nie patrzy, gdy czujemy się zwolnieni
z konieczności robienia wrażenia na innych, gdy
zapominamy o sobie, zapominamy się w spontanicznym działaniu lub w spontanicznym znie-
ruchomieniu. To są momenty bezcenne zarówno
dla tych, którzy niezauważeni patrzą, jak i dla
tych, którzy nie wiedząc o innych lub ignorując ich
obecność, po prostu są, istnieją. Świadomie lub
nie, takich momentów prawdy wyglądamy przez
dziurki od kluczy, obiektywy kamer i w lustrza-
nych odbiciach. Głód prawdy i spontaniczności
jest w nas ogromny. Smutny paradoks polega na

tym, że powstał cały przemysł podglądania, który sprzedaje nam erzace i pozory.

Rzesze aktorów, modelek i modeli specjalizują się w udawaniu spontaniczności. W pocie czoła uczą się tego, jak zachowywać się tak, jakby nikt ich nie obserwował. A my udajemy, że nie wiemy, że oni wiedzą, że są podglądani.

Falsyfikat tryumfuje i oszukuje nasz szczery głód prawdy. Jedyna nadzieja w starych dziurkach od klucza.

10 Zmarnowany czas

Wysokie Obcasy nr 35
(GW nr 205 z dnia 02.09.2000)

W czasie jednej z pierwszych wypraw na Mount Everest, zorganizowanych przez ludzi z naszego kręgu kulturowego, kierownictwo wyprawy, chcąc zapewne pobić jakiś rekord, narzuciło bardzo szybkie tempo marszu. Tragarzami dźwigającymi całe wyposażenie byli miejscowi, himalajscy górale, słynący z niezwykłej siły i wytrzymałości.

W trakcie kolejnego wyczerpującego marszu tragarze, ku zdziwieniu pozostałych wspinaczy, nagle zatrzymali się i usiedli w milczeniu. Ponieważ nie wyglądali na zmęczonych, zniecierpliwiony kierownik wyprawy zwrócił się do najstarszego: „Czemu tak siedzicie bez sensu, przecież szkoda czasu!?". W odpowiedzi usłyszał: „Musimy zaczekać na nasze dusze, żeby miały szansę nas dogonić".

Innym razem gdzieś w Indiach angielski oficer, chociaż się bardzo śpieszył, zabrał z drogi sędziwego starca, który najwyraźniej od wielu godzin spokojnie czekał na autobus. W milczeniu jechali razem godzinę albo dwie, w trakcie których kierowca, nie zważając na nikogo i na nic, pędził jak szalony. Gdy minęli granicę miasta, spojrzał na zegarek i z satysfakcją zwrócił się do swojego pasażera: „O siedem minut krócej niż mój dotychczasowy czas na tej trasie". Ale stary człowiek nie wyraził ani podziwu, ani nawet uznania. Westchnął tylko i zapytał: „I co pan teraz zrobi z tymi siedmioma minutami?".

Z życiem w ciągłym pośpiechu wiążą się dwa podstawowe niebezpieczeństwa. Pierwszym z nich jest utrata kontaktu z sobą samym, drugim – marnowanie czasu. Uciekanie przed własną duszą, przed naszymi najgłębszymi tęsknotami, potrzebami, aspiracjami oraz sumieniem grozi utratą sensu i kierunku. To tak, jakbyśmy udając się w długą, niebezpieczną podróż po nieznanych morzach i kontynentach, od razu na wstępie wyrzucili mapę i kompas. Dlaczego chcemy zgubić swoją duszę? Na co dzień, na krótką metę, bez duszy bywa nam wygodnie. Dusza przeszkadza w robieniu głupstw, w niegodziwości, bylejakości, w marnowaniu czasu. Bez niej łatwiej uczestniczyć w tym, co powszechne i popularne, brać byle co za dobrą monetę. Ale na szczęście dusza nie daje łatwo za wygraną i ostatecznie nie pozwala o sobie zapomnieć. Jeśli nawet z całych sił będziemy uganiać się po świecie po to, by ją zgubić, całkowicie oddamy się pogoni za bogactwem, władzą i sławą, za przyjemnością i bezpieczeństwem albo nawet za świętością i życiem wiecznym, i tak nas w końcu dogoni. Bo uciekanie przed własną duszą jest bardzo kosztowne i wyczerpujące. Prędzej czy później doprowadza do ciężkiej choroby ciała i umysłu. Wtedy, chcemy czy nie chcemy – musimy się zatrzymać. A zapomniana dusza tylko na to czeka – zgodnie z zasadą, że jak Pan Bóg nie może się doczekać, żebyśmy zmądrzeli, to jako ostatnią deskę ratunku zsyła nam chorobę.

Skoro i tak nie mamy szans na ucieczkę przed własną duszą, warto zawczasu zadbać o to, aby za nami nadążała i mogła wywierać swój zbawienny wpływ na nasze życie. Jak trafnie zauważył pewien starodawny chiński mędrzec – wszystkie nieszczęścia tego świata biorą się stąd, że ludzie nie potrafią usiedzieć w jednym miejscu. Trudno się z tym nie zgodzić.

Gdybyśmy tak potrafili zatrzymać się i przynajmniej raz na jakiś czas usłyszeć, zobaczyć i poczuć to miejsce, ten moment, w którym właśnie jesteśmy, świat z pewnością stałby się lepszy. I nie musielibyśmy tak często próbować beznadziejnej ucieczki przed własną duszą po to, aby móc w nim przetrwać.

Często nawyk życia w nieustannym pośpiechu tłumaczymy sobie chęcią zyskania na czasie – teraz się śpieszę, ale dzięki temu zyskam więcej czasu na relaks i wypoczynek. Niestety, to złudzenie. Nie potrafimy zrobić pożytku z tych zaoszczędzonych minut, godzin czy dni. Bo pośpiech to narkotyk, który uzależnia.

Wynikiem pośpiechu jest nieobecność. Straszna, epidemicznie szerząca się choroba. Nasz umysł bawi się wyobrażeniami o przyszłości (mogą to być filmy akcji, melodramaty, tragedie, komedie lub horrory – wszystko jedno) i nie ma go w tym miejscu i w tym czasie, w którym istnieje nasze ciało. Jesteśmy nieobecni duchem i nie ma z nas żadnego pożytku.

Nieobecność to dolegliwość, którą trudno wyleczyć. Leczenie wymaga determinacji, samodyscypliny, a nade wszystko wiary w istnienie rzeczywistego „teraz", w którym ciało, dusza i świat spotykają się i przenikają nawzajem.

Zainteresowanym samoleczeniem na początek polecam trzy proste sposoby przywoływania się do porządku:

- jak najczęściej, we wszelkich okolicznościach życia, składaj sobie (a także innym, których kochasz) następujące oświadczenie: Jestem tutaj, nigdzie się nie śpieszę i to, co teraz robię, jest najważniejsze;

- jak najczęściej powtarzaj sobie w myślach:
  Ta chwila jest jedyna;

- w przywoływaniu się do obecności pomoże
  ci głębokie, świadome oddychanie przeponą.

Powodzenia.

11 Horoskop

Wysokie Obcasy nr 30
(GW nr 176 z dnia 29.07.2000)

Do astrologii zostałem przekonany w sposób empiryczny około 25 lat temu. Zaproszono mnie do swego rodzaju pojedynku z wybitnym, nieżyjącym już niestety, polskim astrologiem Robertem Walterem (1908–1980). Miałem mu podać godziny, daty, miejsca urodzenia oraz płeć trzech osób, z którymi już jakiś czas pracowałem w gabinecie psychoterapeutycznym, zachowując ich nazwiska w całkowitej tajemnicy.

Po trzech tygodniach spotkaliśmy się w gronie szacownych warszawskich astrologów, gdzie pan Walter i ja odczytaliśmy swoje kilkustronicowe opracowania na temat każdej z tych osób.

Ku mojemu zaskoczeniu, w dwóch wypadkach na trzy opracowania mojego adwersarza okazały się przynajmniej tak samo trafne i wyczerpujące jak moje. Nie wierzyłem własnym uszom, słysząc jak człowiek, który nigdy nie widział osób, o których mówił, przytaczał powikłane, intymne fragmenty ich losów, daty najważniejszych wydarzeń z ich życia i eleganckim językiem opisywał istotę ich psychologicznych problemów.

W owym czasie, po ukończeniu uniwersyteckiego kursu psychologii, byłem bardzo sceptycznie nastawiony do wszelkich sugestii i teorii zakładających, że nawet jakaś niewielka część odpowiedzialności za indywidualne ludzkie losy może znajdować się poza nami. Astrologia – uznająca, że wydarzenia w naszym życiu, a nawet nasze samopoczucie, zależą od przestrzennych stosunków między planetami i księżycami Układu Słonecznego i ich położenia względem centralnej gwiazdy – wydawała mi się pomysłem absurdalnym. Intelektualna uczciwość nie pozwoliła mi jednak odmówić udziału w tak elegancko skonstruowanym eksperymencie. Byłem zresztą przekonany, że mój pogląd na astrologię uzyska dzięki temu ostateczne potwierdzenie. Mój arogancki racjonalizm otrzymał bolesną lekcję pokory. To się rzeczywiście w głowie nie mieściło.

Musiałem przyjąć, że na moje życie mogą mieć wpływ siły, których nie jestem świadom, że moment i miejsce, w którym pojawiam się na tym świecie, określają moje losy i rytm wydarzeń mego życia, wpisują mnie w jakąś tajemniczą energetyczną matrycę, której właściwości wyznaczane są położeniem okolicznych ciał niebieskich. Od tego momentu zasadniczym pytaniem było – w jakim stopniu moje życie jest przez tę matrycę zdeterminowane? Dla psychoterapeuty było to pytanie szczególnie ważne. Bo jeśli wszystko jest z góry zaprogramowane, to po co trudzić się nad prostowaniem ludzkich ścieżek i umysłów?

Determinizm źle się kojarzy. Kłóci się z naszą potrzebą wolności, z przeczuciem, że brak jakichkolwiek ograniczeń czy uwarunkowań jest naszym naturalnym sposobem istnienia. Niemniej na co dzień wszyscy doświadczamy jego działania.

Rodzimy się w danym dniu, godzinie i momencie historii, z określoną płcią, w różnych krajach, klimatach, w mieście albo na wsi, w różnych rodzinach albo zgoła bez rodzin, jako spadkobiercy nędzy i nieszczęścia lub szczęśliwi dziedzice dobra i bogactwa. Z miliardów możliwości, jakie daje genetyczna ruletka puszczona w ruch przez naszych rodziców, dostajemy w dożywotnie użytkowanie określony chromosomowy garnitur – na jedno podatny, na drugie odporny, w jednym lepszy, w drugim gorszy. Różnimy się na tysiące sposobów, ale w jednej sprawie spotykamy się wszyscy. Sam fakt narodzin determinuje nasze dojrzewanie, starzenie się i umieranie. Wszyscy w obliczu trudności, cierpienia i przemijania pytamy cicho lub głośno: Dlaczego mnie to spotyka? Jaki to ma sens? Co ja mam z tym począć?

Po wielu rozmowach z astrologami i latach doświadczeń z życiem własnym i ludzi, których znam i którym pomagałem, nabrałem przekonania, że kosmiczny determinizm nie jest całkowity. Nawet najtrudniejszy horoskop pozostawia jakieś wyjście, jakąś drogę rozwoju. Z drugiej strony, nawet najlepszy układ możemy zmarnować.

Horoskop to coś na kształt reguł gry, jaką możemy prowadzić z losem. Tak jak zasady makao, brydża albo pokera. Wprawdzie nie my decydujemy o tym, do jakiej gry nas posadzą i co mamy w kartach, ale z pewnością tylko od nas zależy, jak będziemy grać. Nasza odpowiedzialność za nasze życie – w języku astrologii rzecz ujmując – sprowadza się do tego, żeby po mistrzowsku wykorzystać potencjał naszego horoskopu, naszego kosmicznego rozdania. W tej grze nie jest istotne, czy wygrywamy, czy przegrywamy z innymi. Ważne jest, czy z tego, co mamy do dyspozycji, zrobimy najlepszy możliwy użytek. Żeby tego dokonać, musimy przede wszystkim poznać ukryty cel gry, odkryć, na czym polega wygrana, innymi słowy – zrozumieć, o co chodzi w zabawie zwanej życiem. Największym błędem jest obrazić się na swój los i próbować odejść od stolika. Od tego stolika odejść nie sposób. Gra się rozpoczyna w momencie narodzin i kończy, gdy zegar mierzący czas gry wybije tzw. ostatnią godzinę. Wszystko, co zrobimy w międzyczasie, jest wpisane w grę – rezygnacja również. Więc lepiej grać aktywnie i świadomie, nie tracić szansy, żeby się czegoś nauczyć.

Profesjonalny horoskop to taki, który precyzyjnie i jasno opisuje zasady naszej indywidualnej gry z losem, daje pojęcie o atutach, jakimi dysponujemy, a także wskazuje na to, czego powinniśmy się nauczyć. Co w sobie rozwinąć, a czego unikać, aby stawać się mistrzami swojego rozdania. Dobrze zrobiony indywidualny horoskop pokazuje, że każdy z nas gra swoją niepowtarzalną partię, która ma swoje odrębne zasady, swój rytm, swoją dynamikę i dramaturgię. Porównywanie się z innymi nie ma żadnego sensu.

Astrolog nie powinien formułować wróżb na przyszłość. Ani dobrych, ani złych. Przyszłość zawsze jest niewiadomą i w ogromnej mierze zależy od tego, na ile zdołamy uwolnić się od naszych nawykowych wzorów postrzegania, interpretowania i reagowania – od tego, co robimy z naszym życiem teraz. Złe wróżby mogą działać na zasadzie samosprawdzającej się przepowiedni – szczególnie na tych spośród nas, którzy i tak słabo sobie radzą z pesymizmem, malkontenctwem i autoagresją. Dobre wróżby natomiast, gdy się nie sprawdzą, zawsze budzą niepotrzebne rozczarowania. Astrologia to poważna sprawa. A fachowy horoskop to szyte na miarę dzieło ogromnej wiedzy, intuicji i ciężkiej, odpowiedzialnej pracy, która nawet mistrzowi nad mistrze zajmuje wiele dni. Reszta – mam tu na myśli horoskopy zamieszczane w popularnych pismach – to wróżenie z fusów, a w najlepszym wypadku – zabawa.

Pytanie, które pozostaje nam do rozstrzygnięcia, brzmi: kto tworzy scenariusz gry i rozdaje karty? Ale to już zupełnie inna rozmowa.

12 Córka marnotrawna

WYSOKIE OBCASY nr 28
(GW nr 164 z dnia 15.07.2000)

Znajoma, odnosząca zasłużone sukcesy w pracy naukowej i dydaktycznej na prestiżowej wyższej uczelni, zwierzyła mi się z kłopotów w wychowywaniu swojej dorastającej córki Julii. Wyobraź sobie – mówiła – że ona zaczęła ubierać się wyłącznie na czarno, nawet majtki ma czarne. Głowę zgoliła prawie na łyso. Zakochała się w jakimś starszym od niej chłopaku, za późno wraca z imprez, ma potworny bałagan w pokoju, słucha takiej muzyki, że żyć się odechciewa i uszy bolą. W domu się do niczego nie dotknie... ale to wszystko pół biedy... Najgorsze jest to, że w szkole wystarczają jej dwójki i trójki. Nie ma żadnych ambicji, w ogóle się nie stara – westchnęła moja rozmówczyni z głębokim żalem. A po chwili milczenia dodała z nutą gniewu: – A ja się całe życie tak starałam! Mimo że nie byłem w pracy i okazja nie była najlepsza, wdałem się w tę z pozoru beznadziejną rozmowę, bo poczułem do Julii jakąś niejasną sympatię. I oto czego się dowiedziałem i co zrozumiałem. Cała historia zaczyna się oczywiście bardzo dawno temu, bo aż od prababki Julii, choć zapewne jeszcze dawniej, tylko już nikt o tym nie pamięta. Otóż prababka Julii na spółkę z pradziadkiem nie chcieli swojej córce pozwolić na chodzenie do szkoły. Szkoła w tamtych czasach nie była obowiązkowa, a pradziadkowie wyznawali popularny wówczas pogląd, że dziewczynie szkoła nie jest do niczego potrzebna. Wystarczy, że nauczy się czytać i rachować. A to może zrobić w domu pod czułą opieką rodziców. Natomiast potrzebna jest jej nauka szycia, gotowania, sprzątania, prania, uprawiania ogródka i dbania o inwentarz. Wtedy szybko wyjdzie za mąż, urodzi dzieci i poradzi sobie w życiu. Najważniejsze, żeby umiała pracować, pracować i jeszcze raz pracować. Babcia Julii bardzo cierpiała. Dniami i nocami marzyła o szkole. Ukradkiem dopadała po nocach do potajemnie pożyczanych książek i coraz serdeczniej nienawidziła brudu i potu gospodarskiego kieratu. Wszelkie przejawy jej oporu łamano drwiną, szyderstwem lub przemocą. Jej bunt został definitywnie spacyfikowany, gdy do grona zwalczających jej aspiracje dołączył mąż. Wkrótce urodziła córkę (mamę Julii) i w niej siłą rzeczy ulokowała wszystkie swoje niespełnione nadzieje i ambicje.

Można powiedzieć, że mama Julii, zanim się jeszcze urodziła, miała już napisany szczegółowy scenariusz na resztę swego życia. „Masz się uczyć, uczyć i jeszcze raz uczyć. Bo inaczej wylądujesz tak jak ja" – słyszała codziennie od swojej mamy. Była skazana na sukces i bycie genialnym dzieckiem. Czytać i rachować nauczono ją, gdy miała pięć lat i od tej chwili perspektywa realizowania aspiracji mamy stała przed nią otworem. A babcia Julii z żelazną konsekwencją potrafiła realizować plan uszczęśliwienia swojego dziecka. Mamie Julii nie było wolno dotykać niczego prócz książek. Wszystko, co nie było nauką, było nic niewartym traceniem czasu.

Dziewczyna próbowała buntować się przeciwko bezdusznemu kieratowi nauki, w jaki wprzęgła ją matka, ale nie miała szans. Wszelkie przejawy jej oporu łamano kpiną, szyderstwem lub przemocą. Mogła tylko skrycie marzyć o tym, żeby wyjść na podwórko i choć trochę spocić się, pobrudzić i zasapać – nie mówiąc już o towarzyszeniu mamie w gotowaniu czy sprzątaniu. W czasie trwającego wieczność odrabiania lekcji, pod szkolne książki podkładała poradniki o hodowaniu kwiatów, książki o Indianach i słodkie, podniecające romanse, w największej tajemnicy pożyczane od koleżanek.

Długo nie było jej wolno zadawać się z chłopakami. „Najpierw nauka, a potem głupstwa" – powtarzała często mama.

Żeby jakoś przeżyć, mama Julii nauczyła się być bardzo grzeczną dziewczynką i głęboko chować swój bunt i opór. Starała się, jak mogła i zawsze miała najlepsze oceny. Była tak zajęta uczeniem się, że mało brakowało, a nie wyszłaby za mąż, gdyby nie to, że jakiś dziwak się na nią uparł. W małżeństwie kontynuowała ofiarne realizowanie przesłania matki, zdobywając kolejne stopnie i tytuły. Gdy urodziła się jej córka Julia, zrobiła wszystko, by macierzyństwo nie przeszkodziło jej w karierze. Julia najczęściej oglądała zgarbione plecy matki, pochylonej nad zawalonym książkami biurkiem i nie raz zastanawiała się nad tym, dlaczego te zapisane sterty papieru są ważniejsze od niej. Książka stała się uosobieniem znienawidzonej rywalki w jej walce o uwagę i uczucia mamy. Mama tymczasem z najwyższą niechęcią, żeby nie powiedzieć z pogardą, odnosiła się do wszelkich zajęć domowych, raz próbując wysługiwać się Julią, innym razem biorąc wszystko na siebie po to, aby córka mogła się uczyć. No i Julia rzeczywiście uczyła się szybko i dokładnie, czerpiąc nie tyle z książek, ile z własnego doświadczenia. Zanim dorosła, pojęła, że matka kręci się w kieracie swojej naukowej pracy, będąc tak samo nieszczęśliwa, jak kiedyś jej własna matka zaprzęgnięta w kierat gospodarskich obowiązków. Intuicyjnie zrozumiała, że obie jej poprzedniczki po kądzieli zostały pozbawione prawa do buntu i własnego wyboru, że stały się ofiarami, a potem rzeczniczkami ideologii swoich matek. Zagubiona i pozbawiona pozytywnych wzorców, marzyła skrycie o spotkaniu kobiety szczęśliwej. Tymczasem nie miała innego wyjścia i musiała wypełnić niewypowiedziany, prawdziwy testament babci i mamy – odrzucić fałszywy, konformistyczny przekaz przeszłych pokoleń i zbuntować się totalnie.

Mam jednak nadzieję, że na tym nie poprzestanie i zrozumie, że prawdziwa wolność to wolność od wszelkich ideologii i mód, w tym również od ideologii buntu, że to wolność ku a nie od, wolność dokonywania niekonformistycznych, pozytywnych wyborów w zgodzie z własnymi aspiracjami, z głęboką świadomością tego, co nam służy i co nas rozwija – cokolwiek by to miało być.

13 Kobieca furia

WYSOKIE OBCASY nr 25
(GW nr 146 z dnia 24.06.2000)

Wiele kobiet, które spotykam zarówno w moim życiu prywatnym, jak i zawodowym, pyta, dlaczego doświadczają nagłych, niekontrolowanych i niezrozumiałych napadów złości. Postanowiłem więc zająć się tym tematem. Ale jak na postmodernistycznego psychoterapeutę przystało, pomyślałem najpierw: to zależy – np. od indywidualnych cech i losów danej kobiety, przecież za tym samym objawem (w tym wypadku gniewem) mogą stać bardzo różne przyczyny, a poza tym, nie ma dwóch takich samych przypadków itd., itd. W mojej wyobraźni pojawiły się stosy zapisanych stronic, układających się w obszerną monografię pod tytułem „Kobieta bez gniewu i skazy", czy coś w tym rodzaju i... ręce mi opadły. Nigdy tego nie napiszę, pomyślałem. Za chwilę jednak poczucie obowiązku i zawodowy nawyk przychodzenia z pomocą za wszelką cenę wzięły górę. Postanowiłem zachować się jak mężczyzna i dać na to pytanie krótką, zwartą, pryncypialną i konserwatywną odpowiedź. Oto ona. Po pierwsze – pamiętajmy, że kobieta, zanim stanie się kobietą, długo jest dziewczynką, a dziewczynka powinna być cicha, grzeczna, miła i słodka. I pamiętać, że złość piękności szkodzi. Powinna mówić cichutko i cieniutko, a najlepiej wcale, bo dziewczynki i ryby głosu nie mają. Dziewczynka powinna ustępować, oddawać, ulegać, służyć, wyręczać, opiekować się, na nic się nie skarżyć i cieszyć się, że żyje. Powinna być zwiewna i lekka jak mgiełka, poruszać się na paluszkach bezszelestnie jak motylek. Powinna być czyściutka i bielutka. Niczego brudnego nie dotykać, nie pocić się i nie wydzielać żadnego naturalnego zapachu. Oczywiście, nie powinna się niczego brzydzić, a jeśli się brzydzi, to nie powinna tego pokazywać. Od najwcześniejszych lat winna pasjonować się proszkami do prania, wybielaczami, środkami czyszczącymi i bakteriobójczymi, a nade wszystko dezodorantami. Powinna marzyć o tym, że jak będzie duża, to wystąpi być może w telewizyjnej reklamie jakiegoś superproszku, po którym pranie będzie jeszcze bielsze niż dotąd. Dziewczynka powinna jeść jak ptaszek, pić jak ptaszek i wydalać jak ptaszek. A najlepiej wcale. Umiejętność siedzenia godzinami na przepełnionym do granic możliwości pęcherzu moczowym to podstawowe wyposażenie na dalszą drogę kobiecego życia. Dziewczynka powinna szanować autorytety i wiedzieć, kto tu rządzi. Dlatego nie powinna niczego odmawiać swoim dorosłym opiekunom, krewnym, nauczycielom, korepetytorom, spowiednikom i lekarzom. A także listonoszom, strażakom, policjantom i innym ofiarnym służbom mundurowym, nie mówiąc o urzędnikach administracji państwowej i wszelkich innych szacownych instytucji. Każda dziewczynka powinna wiedzieć, że jeśli jest bita albo wykorzystywana przez silniejszych, to jest to wyłącznie jej wina. Krótko mówiąc, zasłużyła sobie. Dziewczynce nie wypada chcieć i nie wypada nie chcieć. A gdy ją ktoś zapyta, czego chce, powinna odpowiedzieć: sama nie wiem.

Dziewczynka powinna się bać, wstydzić i brzydzić swego ciała (szczególnie gdy zaczyna dorastać). Najlepiej się do niego nie przyznawać. Trzymać ręce na kołdrze i wszelkimi dostępnymi środkami walczyć z owłosieniem nóg.

Jednym słowem, dziewczynka może być, a nawet jest, mile widziana pod warunkiem, że jej nie ma.

Po drugie – dzięki takiemu ułożeniu dziewczynka, gdy stanie się kobietą, będzie wiedziała, jak poruszać się w świecie. A w szczególności zrozumie, że gdy ją boli, to tak naprawdę nie boli.

Gdy jej się chce, to tak naprawdę jej się nie chce, a gdy nie chce, to właśnie chce. Gdy płacze, to histeryzuje i jest niewdzięczna. Gdy się na coś nie zgadza, to jest wredna i cyniczna. Gdy się cieszy, to się wygłupia albo jest pijana. Gdy chce ładnie wyglądać, to się mizdrzy, a gdy kimś się zainteresuje, to się puszcza. Gdy się wstydzi, to jest głupia, a gdy się nie wstydzi, to jest bezwstydna. Gdy się przy czymś upiera, to przesadza, a gdy się nie upiera, to nie wie, czego chce. Jak kocha, to jest naiwna, a jak nie kocha, to jest zimna. Gdy ma ochotę na seks, to jest suką, a gdy nie ma ochoty na seks, to też jest suką. Jeśli chce być kimś – to znaczy, że przewróciło się jej w głowie, a jak nie chce być kimś, to jest głupią kurą. Jeśli jest sama, to znaczy, że nikt jej nie chciał, a jeśli jest z kimś, to znaczy, że cwana. Wtedy też będzie wiedzieć, że gdy dostaje furii – to jej się tylko tak zdaje. W każdym razie, może być pewna, że nie ma żadnych prawdziwych powodów do gniewu i powinna udać się po poradę do psychoterapeuty.

14 W męskim Matriksie

Wysokie Obcasy nr 20
(GW nr 117 z dnia 20.05.2000)

Widnokrąg marzeń niewolnika wyznacza to, co robi i jak żyje jego Pan. Z bezkrytycznej i pełnej zawiści perspektywy zniewolonego Pan wydaje się człowiekiem całkowicie wolnym, czyniącym, co mu się żywnie podoba i właściwie korzystającym z daru życia. Na tej zasadzie polska pańszczyźniana wieś, pozbywszy się z górą pół wieku temu panów i szlachty, z całego bogactwa ich spuścizny chętnie przejmowała to, co najbardziej powierzchowne, niemądre, a wręcz zgubne, tj. pijaństwo, warcholstwo i obsesję jedzenia mięsa rano, wieczór i w południe.

Pragnę ostrzec kobiety, sięgające coraz śmielej po swoje niezbywalne i przyrodzone prawo do samorealizacji, że znajdują się w takim właśnie momencie dziejowym. Jako kobiecy Wallenrod zainstalowany w obozie wroga nosiłem się z tym zamiarem już wcześniej, a widocznie resztki żałosnej seksistowskiej lojalności powstrzymywały mnie od złapania za pióro. Gdy jednak kilka dni temu przypadkiem natknąłem się w TV na program sportowy, w którym dwie kobiety (Polka i Amerykanka) okładały się bezlitośnie pięściami po głowach – nie wytrzymałem.

Pojedynek dotyczył ponoć mistrzostwa świata. Pewną pociechę znalazłem w informacji, że po to, aby móc walczyć o ten zaszczytny tytuł, każda z rywalek stoczyła zaledwie kilka walk, co oznacza, że – na razie – stosunkowo niewielka liczba kobiet dała się wciągnąć w to szaleństwo. Przypuszczam, że bohaterki tego wydarzenia prały się po szczękach w radosnym poczuciu satysfakcji z tego, że zdobywają kolejny zastrzeżony tylko dla mężczyzn bastion szowinizmu. Niestety, ich obciążone dziedzictwem zniewolenia umysły nie zdołały wykryć podstępnej intrygi, w jaką zostały wplątane przez rozpaczliwie walczących o przetrwanie panów. Nie spostrzegły w porę, że w opakowaniu wyzwolenia i samorealizacji upycha im się stary towar upokarzającej służby silniejszemu, że w zarządzanym przez mężczyzn ogólnoświatowym cyrku mass mediów, ku rozrywce tychże, robią za kiepsko opłacanych gladiatorów. Podobnie widzę, gdy patrzę na kobiety walczące w błocie lub w kisielu, dźwigające uginające się sztangi, uprawiające *body building* albo hazard, a także te pijące i palące bez umiaru. Mam wrażenie, że z kobietami dzieje się to, co spotkało szlachetną rasę amerykańskich Indian, których biali najeźdźcy, aby ich łatwiej pokonać, zarazili swoimi najgorszymi nałogami, a potem zatrudniali w cyrkach, by ci mieli za co nabywać produkowane przez białych używki. Tak też i rzecz się ma z pornografią.

To jeszcze jeden cyrk zarządzany i oglądany przez mężczyzn, w którym występują kobiety. Problem pornografii nie polega na pokazywaniu ludzkich ciał w intymnych sytuacjach, lecz wyłącznie na politycznym i kulturowym kontekście, w jakim ona powstaje i jaki nieuchronnie obrazuje. Jest to kontekst upokorzenia i wykorzystania, który w naszej kulturze dotyczy w równym stopniu kobiet, zwierząt i dzieci, a także ekosystemu planety.

Podpisuję się obiema rękoma pod przenikliwą analizą problemu pornografii, dokonaną przez Angelę Carter i Ann Snitow, cytowane w artykule Renaty Lis „Wielka siostra patrzy" („Gazeta" nr 68 z 21 marca 2000 r.). Stawiają one tezę, że pornografia (ja dodałbym tu jeszcze prostytucję) jest nieodrodnym dzieckiem patriarchatu, a próby jej ograniczenia, podejmowane przez męskie gremia zapewne w imię najlepszych intencji, są w istocie nieświadomą manipulacją.

Nie służą one bynajmniej obronie interesów kobiet i ulżeniu ich trudnemu życiu. Ich podstawową funkcją jest ukrywanie prawdy o realiach społecznej i politycznej sytuacji kobiet, a także sytuacji, w jakiej znajdują się dzieci, zwierzęta i przyroda. Pornografia, szczególnie ta z dziećmi i ze zwierzętami, ukazuje to, co się dzieje w naszym świecie w formie tak skrajnej i dramatycznej, że tylko ślepe i głuche sumienie może pozostać nieporuszone.

Niemniej zakazywanie pornografii jawi się w tym świetle jako próba wprowadzenia zapisu cenzorskiego na publikacje podważające zaufanie do instytucji i ideologii najlepszego i jedynego sposobu urządzenia świata, czyli patriarchatu. Jest to typowa kuracja objawowa, podejmowana po to, aby nie musieć zajmować się przyczynami. Wiele kobiet nie zauważa pozorności i hipokryzji tych przedsięwzięć, z zapałem występując w cyrku antypornograficznych kampanii.

Kobiety! Wasza droga do wolności nie jest łatwa. Czyha na niej wiele niebezpieczeństw. Jednym z największych jest chęć naśladowania nas, zdemoralizowanych odwiecznym panowaniem mężczyzn. Uważajcie! Jeśli będziecie chciały stać się tak twarde i bez serca, jak to jest udziałem wielu spośród nas, gdy ogarnie was tak częsta w naszych szeregach żądza władzy, sławy i bogactwa albo potrzeba nieustającej zabawy, picia, palenia i obżarstwa, a szczególnie, gdy porażone pychą zechcecie zbawiać świat – słowem – jeśli łatwa pokusa upodabniania się do nas zastąpi wam trudną, ale radosną satysfakcję płynącą z odnajdywania samych siebie i odwagi bycia innymi... będzie to znaczyło, że, niestety, powiodła się wam ucieczka od wolności, że nadal jesteście w męskim cyrku, w męskim matriksie.

15 Śmiech.
Trzęsienie kobiecego brzucha

Wysokie Obcasy nr 13
(GW nr 78 z dnia 01.04.2000)

Zgodnie z odwiecznym patriarchalnym kodeksem zachowań, jakie przystoją kobiecie, szczery, serdeczny śmiech z brzucha jest czymś wysoce niestosownym. Kobiety powinny wstydzić się śmiałości w obnażaniu zębów i dziąseł, uśmiechać się tylko półgębkiem, kryć w dłoniach zarumienioną od tłumionego śmiechu twarz.

Jeśli chodzi o towarzyszące radości dźwięki, dozwolony jest, co najwyżej, zduszony chichot. Prawie nigdy literackie, kobiece pierwowzory nie śmieją się do rozpuku, nie rechoczą (z wyjątkiem czarownic), nie pękają i nie tarzają się, a już na pewno nie trzęsą im się brzuchy. Prócz chichotu obyczaj zezwala kobietom jedynie na wyrażanie bezradnej złości i strachu, najlepiej przy akompaniamencie pisku, oraz na ciche smuteczki, gdzie dozwolone jest chlipanie. Śmianie się całą gębą jest u kobiet nie tylko niewłaściwe, ale, co gorsza, podejrzane. Może występować jedynie wśród pospólstwa, wśród starych wiedźm, a także kobiet tak zwanej podejrzanej konduity. Pewien często spotykany typ cierpiętniczej matki skwapliwie wybija córkom z głów ochotę do śmiechu. Zgodnie z poglądem takich matek los kobiety jest niekończącym się pasmem udręki, na który składają się: przedmenstruacyjne napięcia i menstruacyjne poniżenie, przerażająca nuda i znój, związane z koniecznością sprostania seksualnym apetytom mężczyzn, katusze ciąży, tortury porodów i foteli ginekologicznych, zaparcia, hemoroidy, upławy i migreny – a na koniec jeszcze klimakterium. I z czego tu się cieszyć? Jeśli jednak na przekór tej ponurej edukacji jakieś naiwne dziewczę nie utraci ochoty na wybuchanie perlistym śmiechem z byle powodu – usłyszy od matki albo babki:

„Przestań się śmiać, bo jakieś nieszczęście sprowadzisz" lub „Śmiej się, śmiej – wkrótce zapłaczesz" czy coś w tym rodzaju. Rzeczywiście, może się chichotów odechcieć na całe życie.

Jeśli i to nie pomoże, to dorastająca panienka dowie się, że jeśli chce zwabić kandydata na męża – to musi wciągać brzuch. Zgodnie z tym stereotypem płaski, deskowaty brzuch, u podstawy którego groźnie sterczy kość łonowa, jest tym, co mężczyźni lubią najbardziej.

Krągłe, żywe, poruszające się w rytm oddechu kobiece podbrzusze ponoć ich mierzi i straszy. Kto nie wierzy, niech sprawdzi, że serdeczny śmiech z wciągniętym brzuchem jest absolutnie nie do wykonania. Tak więc wciąganie brzucha powinno ukrócić kobiece zapędy do śmiechu, ostatecznie i raz na zawsze. Ale jeśli i to by nie wystarczyło, to przeciwnicy kobiecego śmiechu mają w zanadrzu jeszcze cięższą amunicję. Otóż, wielce szanowna i całkowicie zdominowana przez mężczyzn medycyna z przełomu XIX i XX wieku ustami wielu swoich prominentnych reprezentantów zawyrokowała, że niski i mocny głos kobiety bez żadnych wątpliwości świadczy o zgubnym zamiłowaniu tejże do grzesznych kontaktów z własną łechtaczką. Podejrzewam, że lekarze ci, zapewne oddani słudzy patriarchatu, chcieli dać w ten sposób odpór mówiącym w owych czasach coraz pełniejszym głosem sufrażystkom. W każdym razie, teoria ta stała się tak popularna, że już nigdy żadna przyzwoita kobieta nie odważyła się odezwać w towarzystwie niskim głosem (z wyjątkiem niektórych szansonistek, które wzbudziły tym niezdrową fascynację mężczyzn). I jak tu się śmiać do rozpuku, gdy niski ton może się przypadkowo wyrwać? Co sobie wtedy ludzie pomyślą?

Wiele kobiet już przedtem miało kłopoty z emisją naturalnego głosu, ale teraz ostatecznie skazane zostały na używanie przez całe swoje dorosłe życie głosu zawstydzonej lub rozkapryszonej dzidzi. A ponieważ każdy kij ma dwa końce, skazały się jednocześnie na dożywotnie towarzystwo niedojrzałych facetów o pedofilskich skłonnościach (prawdopodobnie tacy właśnie wymyślili teorię łechtaczkowego pochodzenia niskiego głosu u kobiet).

Zwróćmy uwagę, że wszystkie nieszczęścia, cierpienia, upokorzenia, wstyd i winy, jakie, zgodnie z fiksacją cierpiętniczą wypełniają po brzegi życie kobiety – patrząc na rzecz anatomicznie – koncentrują się w wielkim stężeniu w tej części kobiecego ciała, która znajduje się poniżej pasa. Konkretnie – poniżej przepony. Któż przy zdrowych zmysłach zgodziłby się na noszenie ze sobą takiego wora nieszczęść, jakim wydaje się zawartość kobiecej miednicy. Ale niestety, to stamtąd wyrastają nogi i nie ma innego wyjścia. Trzeba to nie tylko ze sobą nosić, ale nawet tolerować. Wszystko, co można zrobić, to się do tego nie przyznawać ani przed sobą, ani przed innymi. Aby to osiągnąć, wystarczy zablokować i usztywnić mięsień przepony i dopełnić dzieła okrążenia i odcięcia wroga, zaciskając ponad wszelką rozsądną potrzebę zwieracze krocza.

Ale uwaga. Gdy raz na zawsze zamkniemy drzwi dla wrogów, to okaże się, że i przyjaciele nie mogą wejść. Bez silnej, żywej i aktywnej przepony nie sposób żyć w pełni. Bo to ani głębiej odetchnąć, ani beknąć, gdy trzeba, ani kaszlnąć, ani kichnąć jak z moździerza (ach te wzruszające kobiece „A psik"). Trudno się też pozbyć tego, czego nie trzeba zatrzymywać. Jest kłopot z rodzeniem („Przyj! Przyj!". A tu nie ma czym). A także z radością i z kondycją w seksie. O wyrażaniu siebie niskim głosem bez przepony oczywiście nie ma mowy.

Nie da się nawet szlochać i wyć z rozpaczy, ani też przeżywać słusznego, władczego gniewu. W dodatku, uwięzione w miednicy wewnętrzne organy, o których nie chcemy nic wiedzieć – tak jakby były niekochanymi dziećmi – zaczną w końcu niedomagać i chorować. I wtedy spełnia się klątwa cierpienia i cierpiętnictwa, zamykając kolejne pokolenie kobiet w zaklętym kręgu samosprawdzającej się przepowiedni. I już naprawdę nie ma się z czego śmiać.

Więc śmiejcie się kobiety za młodu i zawczasu. Śmiejcie się nawet wtedy, gdy już za późno. Tym bardziej, na przekór, mimo wszystko. Głośno, szczerze i niskim głosem. Śmiech to ratunek dla przepony i wszystkiego, co się z nią wiąże. To najskuteczniejsza profilaktyka i najtańsze leczenie. Nie dajcie się zwariować. Radość przyciąga radość. Więc tańczcie, śpiewajcie, rechoczcie i ryczcie do rozpuku. Tarzajcie się, pękajcie

i sikajcie ze śmiechu. Niech wam przepona furko-
cze jak bojowy sztandar na wietrze i niech wam
się brzuchy trzęsą jak szalone. Świat będzie od
tego lepszy.

16 Dobrze być małym hedonistą

Wysokie Obcasy nr 10
(GW nr 60 z dnia 11.03.2000)

Jeśli uda się nam w jako takim zdrowiu przetrwać trudy płodowego rozwoju, a potem dramat narodzin i bezbronną bezradność pierwszych miesięcy poza brzuchem matki – wtedy dochodzi do głosu potężna potrzeba rozgoszczenia się w świecie na pełnym luzie. Nadchodzi czas bezwstydnego niemowlęcego hedonizmu. Wszystkie nasze zmysły domagają się czegoś przyjemnego, pieszczotliwego i dobrego. Ma być sucho, ciepło, syto, pachnąco, pastelowo, słodko, miękko, melodyjnie, delikatnie, kołysząco, radośnie i ciekawie. W dodatku jak najbliżej mamy, a ściśle mówiąc, jej cudownej piersi, natychmiast i niezawodnie dostępnej. Nie życzymy sobie w tym czasie żadnych wymagań ani oczekiwań pod naszym adresem. Po wyczerpujących i niebezpiecznych pierwszych miesiącach ter-

chcemy być w raju i należy się to nam tak jak urlop frontowemu żołnierzowi. Jeśli nasze otoczenie jest w stanie emocjonalnie i organizacyjnie sprostać naszym potrzebom, to zbieramy ważny kapitał na przyszłość. Poznajemy dobrą stronę życia, a dzięki temu nabieramy zaufania do świata i do ludzi. Ponadto, co bardzo ważne, poznajemy nasze ciało, jego zakamarki, potrzeby i możliwości. Urządzamy się w nim wygodnie. W przyszłości łatwiej nam będzie poczuć, kiedy jesteśmy głodni, kiedy spragnieni, a kiedy zmęczeni. Będziemy w stanie wcześnie rozpoznać symptomy zbliżającej się choroby i właściwie zatroszczyć się o siebie. Nasze ciało nie stanie się naszym wrogiem. Obdarzymy je szacunkiem jak dobrego przyjaciela. W kontaktach z innymi bez trudu przyjdzie nam egzekwować tak zwany zdrowy egocentryzm. Trudno nas będzie namówić na poświęcenia ponad miarę, umartwianie się w służbie idei lub na wcielanie się w rolę ofiary. Niestety, rzadko scenariusz naszego życia wygląda tak ładnie. Znacznie częściej otoczenie nie jest w stanie sprostać naszemu dziecięcemu hedonistycznemu rozpasaniu. Nawet wówczas, gdy rodziców stać na to emocjonalnie, okoliczności życia nie pozwalają na pełnię zaspokojenia. Wtedy nie mamy innego wyjścia, tylko bronić się przed bólem frustracji. Odcinamy się od naszego ciała, które tak gwałtownie domaga się swojego, i wypieramy się przed sobą i światem naszej potrzeby komfortu, bezpieczeństwa i przyjemności oraz prawa dostawania czegoś od innych.

W głębi duszy pozostajemy wiecznie głodni, ale wobec świata przyjmujemy heroiczne pozy. Istniejemy tylko dla innych. Eksploatując się i wyniszczając ponad wszelką miarę. Nie sposób nas obdarować, bo każdy prezent czy nawet uprzejmość budzi w nas bezmierne poczucie zadłużenia i potrzebę natychmiastowego rewanżu. Chorowanie staje się jedynym alibi na branie czegoś od ludzi. Ale musi być wtedy obłożne. Szydło wychodzi z worka również przy innych okazjach. Bywamy często rozdrażnieni, rozgoryczeni i zagniewani, choć najchętniej wszystkie te uczucia kierujemy do siebie. W naszych oczach łatwo dostrzec głód i żal, a w kontaktach z innymi chętnie się obrażamy, demonstrując trudne do odgadnięcia oczekiwania i pretensje. Nasze hedonistyczne potrzeby, gdy zaczynamy być ich świadomi, wydają nam się dla innych nie do uniesienia. Cały świat pogrążyłby się w ich powodzi. Więc lepiej o nich nie wspominać. Nawet ciężar naszego – na ogół kruchego i zaniedbanego – ciała wydaje nam się dla innych nie do podźwignięcia.

Jeśli chcemy odzyskać ciało i rozum, a także w sposób bardziej dojrzały i świadomy układać sobie stosunki z otoczeniem – musimy zaryzykować. Sprawdzić, ile świat może nam dać, i zrezygnować z tego, co niemożliwe do otrzymania.

Choć to wydaje się niewiarygodne, gdy odważymy się jednak swemu otoczeniu od czasu do czasu powiedzieć „nie" albo „dosyć", albo „nie dam rady", okaże się, że świat się nie rozpadnie, że ludzie przyjmą to ze zrozumieniem. A przerażająca perspektywa opuszczenia, zapomnienia i samotności nie nastąpi. Może wówczas wystarczy nam odwagi nie tylko na to, żeby powiedzieć „nie", że czegoś nie chcemy, ale też na to, że czegoś chcemy, a nawet potrzebujemy. Trzeba będzie wówczas przekroczyć w sobie owe dziecięce, rozżalone i obrażone zarazem „powinniście się sami domyślić". Wtedy pomału otworzy się przed nami nieznana kraina ciepłej, wspaniałej, a czasem wręcz ekscytującej wymiany z ludźmi. Możemy nawet odkryć, że w pewnych okolicznościach brać znaczy dawać.

Okaże się wtedy, że wprawdzie nie dostaliśmy tego, co powinniśmy i mogliśmy dostać w dzieciństwie, ale tak uzyskamy więcej, niż dostaliśmy kiedykolwiek w życiu.

17 Lęk przed życiem

Wysokie Obcasy nr 2
(GW nr 12 z dnia 15.01.2000)

Wszyscy jesteśmy jakoś zdeterminowani przez zawartość naszych wczesnodziecięcych doświadczeń. Cała różnorodność indywidualności zaludniających świat, również w sensie psychologicznym, wyrzeźbiona jest z jednej gliny. Tym uniwersalnym tworzywem są nasze potrzeby pojawiające się z zaskakującą regularnością i w tym samym porządku w życiu wszystkich dzieci. Bez względu na rasę, kulturę, szerokość geograficzną czy płeć. To, w jakiej mierze, w jaki sposób i przez kogo te potrzeby były zaspokajane, sprawia, że z tej samej gliny powstają tak różne twory. Z dzieciństwa na ogół wychodzimy sfrustrowani, a nierzadko psychicznie poranieni. Nasze niezbywalne dziecięce pragnienia nie zawsze zostają zauważone i docenione. Mało tego – bywa, że są aktywnie i świadomie zwalczane. Jeśli dodać do tego różne nieprzychylne koleje losu, widać, że na idealną odpowiedź ze strony świata dzieci praktycznie nie mają co liczyć. Tak więc rzeźbiarzom, którzy wydobywają kształt naszej indywidualności z jednolitej bryły naszych wrodzonych potrzeb, na imię trauma i frustracja. To one zmuszają nas do znalezienia sposobu pozwalającego mimo wszystko przetrwać. Z czasem sposoby te stają się naszą drugą naturą, podstawowym rysem charakteru. Wykazują się niezwykłą trwałością i odpornością na zmiany. Chociaż traumy i frustracje dawno już minęły – to jednak sposoby te trwają nadal. I tak oto to, co w dzieciństwie było niezbędną i inteligentną strategią przeżycia, w dorosłym życiu stać się może dotkliwym ograniczeniem, a nawet pułapką.

Pierwsza ze wspólnych nam wszystkim potrzeb, w których rzeźbić mogą trauma i frustracja, to potrzeba biologicznego przetrwania. Bywa ona zagrożona przez trudny poród, wczesną, niebezpieczną chorobę lub wypadek, ale także przez nawet nieświadomą niechęć rodziców do utrzymywania nas przy życiu. Nie mówiąc już o wybuchach niepohamowanego gniewu, a nawet okrucieństwa, ze strony dorosłych opiekunów. Takie doświadczenia instalują w nas pierwotny, śmiertelny lęk przed unicestwieniem wraz z towarzyszącą mu ślepą pasją walczącego o życie zwierzęcia. Uczucia to zbyt mocne i groźne, aby móc ich na co dzień doświadczać. Tym bardziej że gdyby znalazły swój wyraz, mogłyby ostatecznie zniweczyć i tak kruche oparcie, jakie nasza egzystencja znajduje w nieobliczalnym świecie dorosłych.

Żeby żyć dalej, musimy więc odciąć się zarówno od uczuć, jak i od ciała, w którym one zamieszkują, a także wycofać się z kontaktów z ludźmi jawiącymi się jako zagrożenie zbyt wielkie. Pozostając w oddaleniu od tego, co budzi lęk, całą naszą energię i inteligencję angażujemy w budowanie bezpiecznego, wewnętrznego świata fantazji i obrazów. Świata, w którym wreszcie wszystko od nas zależy. Z czasem pokusa obcowania z tym przewidywalnym, wirtualnym światem może stać się tak przemożna, że coraz trudniej będzie nam wyruszać do świata żywych, by wchodzić z nimi w istotne i bliskie związki tak bardzo w głębi serca przez nas upragnione.

Aby to pragnienie zrealizować, aby odważyć się na powrót do świata wrażeń, uczuć, ekspresji i związków z ludźmi – potrzeba nam będzie bezpiecznej relacji i zaufania choćby jednej osoby. Tylko w takim klimacie nasze porzucone i zamrożone ciało, warstwa po warstwie, zacznie się rozmrażać i odżywać. Ból powracającego czucia będzie się mieszał z nieśmiałością doznawania. Świat zacznie wibrować barwą, dźwiękiem i kształtem, aż szyba, która nas od niego oddziela, rozpadnie się z hukiem. Wtedy wzruszeni do łez dotkniemy go wreszcie i poczujemy jakby po raz pierwszy. Jeśli potem zdołamy zmierzyć się jeszcze z lękiem i ślepą pasją, przed którymi musieliśmy uciekać tak długo – to już na stałe zamieszkamy wśród ludzi. W tym ciele i w tym świecie.

18 Kobieta nowej ery

WYSOKIE OBCASY nr 1
(GW nr 6 z dnia 08.01.2000)

Będzie to kobieta wolna od nawyku brania na siebie winy i wstydu tych, na których niedojrzałość, nikczemność i okrucieństwo przymyka oczy, by móc ich kochać mimo wszystko.

Będzie to kobieta wiedźma – świadoma całkowitej równoważności, symetryczności i komplementarności tego, co kobiece, i tego, co męskie we wszechświecie. Świadoma faktu, że zarówno to, co kobiece, jak i to, co męskie, bierze swój początek z absolutnej jedności i do tej jedności dąży i powraca. Świadoma, że to, co się jawi jako różne i dwubiegunowe, w istocie stanowi funkcjonalną jedność zdolną do tworzenia wszelkich form życia. Będzie wiedzieć, że wdech nie może zaistnieć bez wydechu, a wydech bez wdechu. Że noc nie może zaistnieć bez dnia, a dzień bez nocy.

Będzie to kobieta świadoma tego, że być różną nie znaczy być gorszą i nie znaczy być lepszą. Dla niej poziome będzie tak samo dobre jak pionowe, bierne nie gorsze od aktywnego (a więc jajo nie będzie gorsze od plemnika), ciemne będzie tak samo ważne jak jasne, wilgotne równie potrzebne jak suche, a chłodne tak samo pożądane jak gorące. Miękkie będzie tak samo bezcenne jak twarde, okrągłe tak samo potrzebne jak podłużne.

Tym samym będzie to kobieta pojednana z własnym ciałem, radosna, wibrująca i spokojna.

Będzie to prawdziwa dziewica, kobieta sama w sobie, psychicznie i ekonomicznie niezależna od mężczyzny, a tym samym zdolna mądrze i prawdziwie go kochać.

W końcu będzie to kobieta świadoma swego wewnętrznego, męskiego aspektu, zdolna do tego, aby go w sobie rozwijać i wzmacniać. Kobieta, która mądrze i śmiało będzie mogła sprawować władzę i stanowić prawa, bronić się, walczyć i zdobywać.

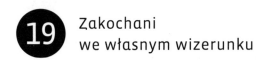

19 Zakochani
we własnym wizerunku

Wysokie Obcasy nr 34
(GW nr 271 z dnia 20.11.1999)

Poczucie własnej wartości jest jednym z naj-ważniejszych elementów naszego psychologicz-nego wyposażenia na życie.

Jeśli zostało nam dane, to potrafimy w miarę spokojnie znosić nawet najbardziej dramatyczne wahania życiowej koniunktury. Jeśli go braku-je – spędzamy życie w napięciu, przymuszani wewnętrznie do brania udziału w niekończą-cym się wyścigu, którego rezultat ma ostatecz-nie potwierdzić naszą wartość. Niestety, żaden, nawet najlepszy, wynik nie jest w stanie nas uspokoić. Wręcz przeciwnie. Im więcej osiąga-my i zdobywamy, tym bardziej obawiamy się upadku, tego, że się wyda, iż tak naprawdę nie jesteśmy wiele warci. Zasadniczy kształt naszego poczucia wartości powstaje w pierwszych latach życia, w okresie, gdy tak bardzo potrzebujemy od rodziców czy opiekunów czasu, uwagi i docenienia. Kiedy tak często wołamy: tato, mamo, popatrz, zobacz, jak to robię! patrz jak wyglądam, patrz, patrz! Jest to wyraz gwałtownej, gorączkowej konieczności nieustannego przeglądania się w oczach i sercach rodziców.

Z ułamków rodzicielskich spojrzeń, z chwil uwagi nam poświęconej, z pomruków i ofuknięć, z wyrazów ich twarzy i oczu latami konstruujemy cierpliwie naszą wewnętrzną odpowiedź na pytanie: co jesteśmy warci?

Dla rodziców jest to czas trudnej próby ich zdolności do poświęcania dziecku uwagi. Po raz pierwszy na warunkach dziecka, wtedy gdy ono tego potrzebuje, a nie wtedy, gdy sobie o nim przypomnimy. W dodatku chodzi tu o uwagę nie byle jaką. Na pewno nie chodzi o bezkrytyczny, niechlujny zachwyt („świetnie, cudownie, tak, tak"), który na ogół trwa przez mgnienie oka i służy wyłącznie pozbyciu się kłopotu. Nie chodzi też o wnikliwy, ciężki i nudny krytycyzm. Podszyty zniecierpliwieniem czy wręcz wrogością. Nie chodzi, broń Boże, o przechwalanie i przesładzanie, płynące z lęku, poczucia winy czy litości. W tym okresie życia dzieci jak powietrza potrzebują od rodziców żywego, zróżnicowanego, starannego, życzliwego, a zarazem wymagającego odzwierciedlenia. Tylko na takiej podstawie mogą budować w sobie realistyczne i ugruntowane poczucie wartości. Niestety, coraz rzadziej rodzice są w stanie zaoferować towar tak wysokiej klasy. Sami tego nie dostaliśmy, więc nieświadomie i mechanicznie przepychamy dalej pokoleniową falę niedocenienia.

Dzieci potraktowane byle jak, nadmiernie wychwalane albo krytykowane, a nierzadko zawstydzane i upokarzane – nie mają innego wyjścia. Muszą stworzyć, muszą wymyślić same siebie. Na przekór, choćby z niczego. Nie sposób bowiem uciec przed koniecznością zaprezentowania światu czegoś, co wzbudzałoby przynajmniej jakieś minimum uznania i szacunku, a nade wszystko dawało poczucie, że jest się kimś. Ponieważ nie jesteśmy pewni siebie, nadmiernie ważne staje się to, co inni o nas myślą. A najważniejsze, aby nikomu nie przyszło do głowy zawstydzić nas albo upokorzyć. Tworzymy liczne zabezpieczenia, kolekcjonujemy właściwe dla naszej grupy odniesienia, atrybuty prestiżu i znaczenia, skwapliwie dobieramy stroje i dekoracje, w jakich pokazujemy się światu. Gotowi bylibyśmy nawet stworzyć imperium pochlebców, aby nikt nie odważył się krzyknąć: „Król jest nagi".

Czasami powodowani lękiem przed zdemaskowaniem stajemy się bezlitośni i okrutni dla wszystkich i wszystkiego, co w jakikolwiek sposób zagraża naszemu, z tak wielkim trudem stworzonemu, wizerunkowi. Nic nie ma wtedy szansy: ani miłość, ani wierność, ani lojalność czy uczciwość, ani nawet przyjaźń czy honor. Nasz wizerunek jest naszą tragiczną i rozpaczliwą miłością – wydaje nam się całą treścią i sensem naszego życia. Wszystko od niego zależy, więc wszystko gotowi jesteśmy rzucić mu na pożarcie. Jeśli zawiedzie, jeśli życie go zweryfikuje – budzimy się nagle pośród koszmarnego martwego pobojowiska i po raz pierwszy od niepamiętnych czasów doświadczamy rozpaczy i bólu. Jeśli zdołamy go przyjąć, może stać się on początkiem naszego wybawienia.

20 Ofiara szuka ofiary

Wysokie Obcasy nr 29
(GW nr 55 z dnia 16.10.1999)

Media, policja, statystyki, nauczyciele, psycholodzy, socjolodzy oraz opinia publiczna zgodni są co do tego, że wśród dzieci i młodzieży narasta przerażająca fala przemocy. Oskarżanymi o spowodowanie tej katastrofy są wolna prasa, telewizja, internet i gry komputerowe.

Z zapałem podejmujemy walkę z przemocą i pornografią we wszystkich możliwych mediach, nie zdając sobie sprawy z tego, że media to kozioł ofiarny, który pozwala spać naszemu sumieniu. Skoro inni są winni, to nie musimy zadawać sobie trudnych pytań: dlaczego nasze dzieci są wychowywane przez TV i komputery, a nie przez nas? Czy przypadkiem przemoc w mediach nie jest wytworem dorosłych, którzy spędzali swoje dzieciństwo przed telewizorem, opuszczeni przez rodziców? Uznając skutek za przyczynę, unikamy uderzenia się we własną pierś i zabrania się do wykorzeniania przemocy od właściwego końca. Od własnych serc i własnych domów. Pomimo gorączkowych prób kamuflażu przeczuwamy, że i tak nic nas nie zwolni od odpowiedzialności za to, co wyrasta z naszych dzieci: ani prasa, ani TV, ani internet, ani nawet szkoła. Bo z rodzicielstwa nie sposób się wypisać ani zwolnić. To dożywotni wyrok. Z chwilą gdy nasze dzieci pojawiają się na świecie (a warto pamiętać, że brzuch matki to też już ten świat), czy chcemy, czy nie chcemy, wychowujemy nasze dzieci. Wszystkie nasze działania i wszystkie nasze zaniechania są wychowywaniem. Mówiąc o przemocy i jej prawdziwych źródłach, warto wiedzieć, że tym, co najskuteczniej otwiera serca dzieci na infekcję przemocy i nienawiści, jest rodzicielska obojętność przeplatana wybuchami agresji i niechęci. Czym opuszczone i niechciane dziecko wypełnia samotnie spędzany czas – czy to będą gry komputerowe, ulica, czy lekcje skrzypiec – jest sprawą drugorzędną.

Ktoś z noblistów kilka lat temu postawił w sprawie przyczyn epidemii przemocy krótką, jasną i druzgocącą diagnozę: przemoc to zemsta niechcianych dzieci. W ramach naszej ludzkiej niedoskonałości wszyscy jesteśmy zdolni, a czasem też i skłonni do przemocy. Wszyscy jej zaznaliśmy w mniej lub bardziej zakamuflowanych formach. A przemoc łatwo się dziedziczy i jest zaraźliwa. Jednak los niechcianych dzieci jest szczególny. Emocjonalny koloryt ich dzieciństwa to przerażenie i rozpacz. Uczucia tak silne i bolesne, że żyć się z nimi długo nie da. Chcą o nich jak najszybciej zapomnieć i zastąpić innymi, równie silnymi, których ostrze nie godzi w nich. Oczywistym wyborem jest nienawiść.

Niechciane dzieci znają tylko dwa sposoby przetrwania w tym świecie, który okazał się dla nich śmiertelnym zagrożeniem: albo znieczulenie i bierność, albo nienawiść i walka. Gdy trafiają na silniejszego, bronią się znieczuleniem i uległością. Gdy spotykają słabszego od siebie, nienawidzą go i niszczą.

Nie zdają sobie sprawy, że powoduje nimi konieczność zdystansowania się wobec własnego upokorzenia, strachu i rozpaczy. Za wszelką cenę chcą wymazać z pamięci to, że sami są ofiarami odrzucenia i przemocy.

Ofiara szuka ofiary i w ten sposób stajemy się ofiarami ofiar. Pozostając ofiarą dla silniejszych, nieuchronnie stajemy się katem dla słabszych, czy to dorosłych, czy to dzieci, czy to zwierząt. W rezultacie każda ofiara ma więc swego kata, który jest czyjąś ofiarą – i swoją ofiarę, która jest jednocześnie czyimś katem. Tak więc będąc ofiarami ofiar, stajemy się zarazem katami katów. To błędne, szybko toczące się koło możemy zatrzymać, uświadamiając sobie jasno mechanizm, który je napędza. Jeśli w naszych związkach z ludźmi gramy rolę kata, to musimy to odważnie zobaczyć i nazwać, a następnie przypomnieć sobie naszą w głębi serca przeżywaną rozpacz i przerażenie ofiary. Podobnie gdy naszym udziałem jest rola ofiary. Najpierw musimy to jasno ujrzeć, a potem śmiało przyznać, że bycie ofiarą instaluje w nas pełnego nienawiści kata, który szuka swojej ofiary. Można mieć nadzieję, że kat, który odczuje w sobie wewnętrzne, niechciane dziecko, nie będzie już musiał nienawidzić po to, by zagłuszyć swój ból. Z kolei ofiara, która odkryje w sobie kata, łatwiej wyrwie się z roli ofiary. Nie będzie już chciała hodować kata w sobie ani pomagać temu, kto się nad nią znęca w ukrywaniu prawdy o tym, co ich łączy. Prawdy o ich wspólnym losie ofiar przemocy.

21 Tęsknota za własną płcią

Wysokie Obcasy nr 25
(GW nr 55 z dnia 18.09.1999)

To w tym stuleciu kobiety, od tysiącleci obwiniane o wszystko, co najgorsze, pogardzane i upokarzane, zaczęły sobie powszechnie zdawać sprawę ze swojej zawstydzającej sytuacji. To w tym stuleciu końca historii mężczyźni w pełni doświadczyli gorzkich i zawstydzających owoców swych odwiecznych, uzurpatorskich rządów nad światem. I kobiety, i mężczyźni nie mają się czym chwalić. Ani przed sobą, ani przed dziećmi. Pewnie dlatego właśnie w wielu rodzinach od pokoleń wysycha życiodajny strumyk pozytywnego etosu własnej płci. Słabnie przekaz pozytywnego wymiaru kobiecości z matki na córkę, a także przekaz pozytywnego wymiaru męskości z ojca na syna.

Coraz częściej tak się zdarza, że matkom łatwiej przychodzi kochać synów, a ojcom łatwiej przychodzi kochać córki. Tym samym miłość córek do matek jest trudniejsza niż do ojców, a miłość synów do ojców jest trudniejsza niż miłość do matek. Ojcowie i matki odwracają się od własnej niedocenionej, zranionej płci. Patrzą z nadzieją jedynie na siebie nawzajem, rozpaczliwie szukając uznania i ukojenia w instynktownym zachwycie i przywiązaniu tego drugiego. Czasami nie wystarcza i tej nadziei. Wtedy potwierdzenia własnej upokorzonej płci szukamy w upokarzaniu przeciwnej. W każdym razie niełatwo jest pokochać własną płeć w osobie syna lub córki. Bo niełatwo jest pokochać kogoś podobnego do nas, gdy uciekamy sami przed sobą i rozpaczliwie szukamy ratunku w miłości tych, którzy są od nas różni. Gdy córka zostaje odepchnięta przez matkę, a syn przez ojca, gdy zostajemy odepchnięci przez swoją płeć, wtedy w naszych sercach i ciałach rodzi się ogromna za nią tęsknota. Rodzi się głębokie, nienasycone pragnienie stania się choćby raz w życiu, choć na chwilę, kimś godnym zachwytu i miłości, kimś upragnionym, najważniejszym i bez reszty zrozumianym przez kogoś tej samej płci co my. Odepchnięci przez rodziców naszej płci, szukamy ukojenia i pociechy w ramionach rodziców płci przeciwnej niż nasza. A oni tylko na to czekają. Inwestują w związek z nami zbyt wiele swoich własnych nadziei i potrzeb, przez co stają się dla nas nadmiernie ważni i jedyni. Jedyni tak dalece, że związanie się z kimś jeszcze o płci odmiennej od naszej jawi nam się jako zdrada. W ten sposób potrzeba bliskości z własną płcią zyskuje dodatkowe uzasadnienie. Gdy nasi rodzice utracili nadzieję na miłość i potrafią jedynie walczyć ze sobą, stajemy się często obolałymi świadkami upokorzeń i samoupokorzeń rodzica naszej płci. Wtedy może dojrzeć w nas decyzja – nigdy i nikomu nie pozwolić na ranienie i upokarzanie nas w taki sposób. Unikamy więc kontaktów z drugą płcią, bo wydaje się to grozić nieuchronnym unicestwieniem naszej godności. Będąc dziećmi takich rodziców, szukamy bezpieczeństwa i gwarancji przetrwania naszego kruchego poczucia tożsamości u rodzica tej płci, która jawi nam się jako zwycięska i silniejsza. Nie chcemy należeć do pogardzanych, szczególnie wtedy, gdy pogardza się naszą płcią. Wtedy stajemy się kobietą, która jak mężczyzna ocenia, zdobywa i porzuca inne kobiety, albo mężczyzną, który wybiera, uwodzi i porzuca innych mężczyzn. Egzekwując siłę i przewagę wobec własnej płci, stajemy niejako poza jej kręgiem i tym samym wydobywamy się spośród tych, o których nauczyliśmy się myśleć, że są godni pogardy. Niezbędne dla psychicznego przetrwania odcięcie się od pogardzanego rodzica naszej płci wzmaga jeszcze bardziej naszą tęsknotę za bliskością z własną płcią. Tęsknimy wtedy za kimś naszej płci, kto potrafi cieszyć się sobą, szanuje siebie, a nade wszystko w pełni zasługuje na nasz szacunek i podziw. Przeżycie miłości do takiego kogoś, która wybucha z ogromną siłą w naszych sercach, samo w sobie bywa szczęściem. A zdobycie jej czy jego uczuć wydaje się szczęściem ostatecznym. W miłości do człowieka naszej płci łatwiej rozpoznać powszechną ludzką potrzebę pokochania samego siebie, pokochania własnego odbicia i własnego ideału. Jak każda, tak i ta miłość nie jest łatwa. Jak każda ma swoje wzloty i swoje manowce, i jak każda zasługuje na szacunek, troskę i ochronę. Bo miłość, bez względu na to, kogo nią obdarzamy, zawsze niesie nadzieję na zabliźnienie się, wspólnej nam wszystkim, odwiecznej i piekącej rany oddzielenia od innych i od świata, na upragnione połączenie dwóch w jedno i spełnienie naszego życia.

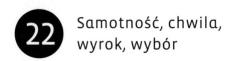

22 Samotność, chwila,
wyrok, wybór

Wysokie Obcasy nr 19
(GW nr 183 z dnia 07.08.1999)

Jest taka mądra rada, dotycząca samotności: zanim zdecydujesz się być z kimś – naucz się być sam. Umieć być samemu, znaczy stać się kimś emocjonalnie niezależnym, kimś kto wie, co w związkach z dorosłymi ludźmi jest możliwe, a co nie. Tego rzadko uczymy się przed szkodą. Na ogół lekcje pobieramy wtedy, gdy już się z kimś związaliśmy, co przypomina naukę jazdy samochodem na torze wyścigowym, w dodatku bez instruktora.

Chwila

Umiejętność twórczego przeżywania samotności jest powszechnie uważana za rzecz cenną, za coś, w czym warto się ćwiczyć. Ale sami rzadko decydujemy się na takie ćwiczenia. Chyba że mamy już wszystkiego dosyć i musimy dzień, dwa odpocząć. Boimy się samotności, bo stawia nas twarzą w twarz ze sobą. Bez ulubionych przebrań i grymasów. W dodatku pozbawia nas cudownej możliwości nieustannego krytykowania, poprawiania lub uwielbiania innych. Zdani na siebie przyglądamy się śladom, jakie życie, które wiedziemy, pozostawiło w naszej duszy i na naszych własnych obliczach. Na ogół nie jest to widok budujący. Na szczęście, gdy los sprawi, że jesteśmy chwilę sami, mamy stosy gazet do przeczytania. A jeśli tego zabraknie, to możemy bez końca śnić nasze ulubione sny na jawie. W gruncie rzeczy wiemy, że jeśli nie zatrzymamy się, choćby na chwilę, po to, aby uważnie spojrzeć w lustro, to trudno nam będzie określić naszą aktualną pozycję na oceanie życia i wytyczyć sensowny kurs na dalszą drogę. Mimo to unikamy samotności i ciszy jak ognia. Samotność dobrze znoszą ci, którzy znają siebie i doświadczają, choćby niewielkiej, satysfakcji z tego, jak toczy się ich życie. Oczywiście ci, którzy gorzej znoszą samotność, w istocie bardziej jej potrzebują. Samotność dla nikogo nie powinna być zbyt łatwa. Nie jesteśmy do niej stworzeni. Dlatego gdy wybieramy ją chętnie, to może znaczyć, że uciekamy przed trudem życia wśród ludzi.

Wyrok

To samotność na długo. Z reguły pogardzana przez tych, których jest udziałem. W najlepszym wypadku budzi współczucie, częściej podejrzenia i niechęć, nigdy szacunek. Szczególnie gdy dotyczy kobiet. Dlatego jeszcze trudniej na taką niewybraną samotność się zgodzić i odczuć jej dobre strony. Szamoczemy się w niej jak niewinnie skazany w więzieniu. Może nas tylko uratować wiara, że nic w naszym życiu nie zdarza się bez przyczyny, że nasza samotność jest lekcją do odrobienia, doświadczeniem, które z jakichś tajemniczych powodów jest nam potrzebne, aby ruszyć dalej.

Więźniowi, nawet temu niewinnie skazanemu, pozwoli przetrwać w więzieniu tylko zgoda na to, że więzienie jest teraz jego życiem. Naszych losów nie możemy swobodnie wybierać jak potraw z karty dań. Czasami stoi przed nami danie, które bynajmniej nie budzi naszego entuzjazmu, ale żeby przeżyć, musimy z tego, co dają, wyciągnąć wszystko, co najlepsze i nawet nie myśleć o deserze w nagrodę. Wtedy lekcja zostaje odrobiona.

Wybór

Tę łatwiej znieść. Tak jak łatwiej znieść leczniczą głodówkę niż prawdziwy głód. Choć sama decyzja o samotnym życiu może być trudna, szczególnie dla kobiet, bo nasza patriarchalna cywilizacja pozbawiła je atrybutów niezależności – z nazwiskiem włącznie, które jest przecież nazwiskiem ojca albo męża. Jeszcze sto pięćdziesiąt lat temu ojciec był właścicielem córki, a mąż właścicielem żony. Do dzisiaj tożsamość kobiety określa się poprzez związek, w jakim pozostaje z mężczyzną. Kobieta może być: albo córką ojca, albo żoną męża, albo rozwiedzioną z mężem, albo wdową po mężu. Nawet bycie samotną matką jest tożsamością nabytą dzięki dziecku i oczywiście jego ojcu. Podobnie dziewictwo wpisane jest w kontekst braku seksualnych doświadczeń z mężczyzną (czy można utracić dziewictwo z kobietą?). Dlatego świadomie wybrana samotność w wypadku kobiety jest decyzją odważną, wręcz brawurową i zasługującą na najwyższy szacunek. Decyzją mogącą przynieść szczególną satysfakcję. Na dowód przytoczę komentarz pewnej kobiety, która w wieku trzydziestu lat po kilkunastu latach użerania się z mężczyznami podjęła decyzję o celibacie: „Jaka to ulga móc nie należeć do żadnego mężczyzny i nie musieć myśleć więcej ani o tym, jak go zadowolić, ani o tym, jak go wykorzystać, ani o tym, jak go zatrzymać, ani o tym, jak go się pozbyć".

 **23** Wakacyjny romans

Wysokie Obcasy nr 15
(GW nr 159 z dnia 10.07.1999)

Wakacje to dla spraw miłości czas szczególny. Długo oczekiwany wypoczynek staje się okazją do usłyszenia po raz pierwszy, po wielu miesiącach pogoni i umordowania, zduszonego i zapomnianego już prawie głosu ciała, sumienia i serca. Nasze ciało błaga o litość i odpoczynek. Nasze sumienie pragnie refleksji i skruchy. A serce krzyczy o miłość. Leniwe letnie dni i gorące noce ujawniają skalę spustoszeń, jakich w imię sukcesu lub przetrwania dokonaliśmy w naszym życiu emocjonalnym i w związkach z najbliższymi. Kontaktów z życiowym partnerem nie sposób ograniczyć już do ustalenia listy zakupów i spraw do załatwienia. W rozmowach z dziećmi nie uratuje nas zdawkowe „jak tam w szkole?". Nagle odkrywamy, że nieopatrznie wybraliśmy się na wakacje z grupą słabo znanych sobie osób, które stanowią naszą rodzinę. Wtedy może pojawić się chęć ucieczki. Pokusa, aby wdać się w łatwy, wakacyjny romans.

Czy walczyć z impulsem, za którym stoi pragnienie miłości? Nie ma dobrej odpowiedzi dla wszystkich.

Czy to jest miłość?

Trudna powiedzieć, czym jest miłość. Łatwiej wskazać na to, czym nie jest.

Miłość na pewno nie jest zniewalającym i upokarzającym przywiązaniem do drugiej osoby ani pragnieniem przyłożenia kojącego plastra na nasze obolałe serce i ciało. Wyznania i deklaracje w rodzaju: bez ciebie jestem nikim; tylko ty możesz mnie uszczęśliwić – są wyrazem uzależnienia, a nie miłości.

Miłością nie jest ślepe pożądanie, które z drugiej osoby czyni pozbawiony cech ludzkich przedmiot.

Miłością nie jest też potrzeba zaopiekowania się „biedactwem", by sobie poprawić samopoczucie, wystąpić w roli wybawiciela (-ki).

Przeżywaniu miłości powinno towarzyszyć poczucie swobody, radości i lekkości oraz szacunku i zachwytu dla wybranej osoby.

Czy warto się poświęcać i być wiernym?

Wierność kojarzy nam się z uciążliwym zobowiązaniem do pozostawania czyjąś własnością. Dzieje się tak dlatego, że umyka nam zasadniczy wymiar wierności, jakim jest zobowiązanie wobec samego siebie i wobec miłości, która sprawiła, że jesteśmy teraz razem.

Wierność to polisa ubezpieczeniowa miłości. Albo odnawialny kredyt na wypadek, gdy nasze miłosne konto wyda nam się puste. Wtedy, aby przeczekać kryzys, bieżące zobowiązania regulujemy z konta wierności. To się sprawdza. Chroni przed przedwczesnym ogłoszeniem bankructwa i niepotrzebną, zawsze ryzykowną zmianą branży. W dodatku daje czas na rozpoznanie źródeł kryzysu i uruchomienie strategii naprawczej. Z poświęceniem jest podobnie jak z wiernością. Najczęściej widzimy w nim gorzką rezygnację, wymuszoną przez okoliczności. Zapominamy, że istotą poświęcenia jest dobrowolność. Jeśli jej zabraknie, nie sposób mówić o poświęceniu, należałoby raczej mówić o byciu ofiarą rabunku.

Poświęcenie jest praktykowaniem cnoty samoograniczenia się. Jak każde praktykowanie cnoty musi opierać się na naszej zdolności i możliwości dokonywania wyborów. Powinno na zawsze pozostać naszą tajemnicą i naszą odpowiedzialnością. Gdy wystawiamy za nie rachunki albo chwalimy się nim, to traci swoją moc. Jeśli zdecydujemy się poświęcić coś dla nas cennego w imię czegoś, co uznamy za ważniejsze, wtedy oprócz naturalnego, a nawet koniecznego żalu doświadczamy ulgi, spokoju i poczucia słuszności. Sam termin „poświęcenie" niesie w sobie obietnicę, że temu, co ważniejsze od nas, przydajemy walor świętości. W ten sposób pomagamy sobie dostrzec prawdziwą tego wartość. Często poświęcając lepsze, mamy okazję docenić wartość dobrego, które jest już naszym udziałem.

Czy trzeba zabić tę miłość?

Miłość, szczególnie wysokiej próby, jest towarem tak bardzo deficytowym, że walczenie z nią byłoby niewybaczalnym błędem. Ale czy potrafimy kochać naprawdę więcej niż jedną osobę? Nawet jeśli tak, to jednak z jakichś tajemniczych powodów uznajemy, że miłość wyraża się najlepiej poprzez wyłączność, wierność i poświęcenie. To nie znaczy, że miłości do drugiej osoby trzeba się wyprzeć. Wystarczy ją poświęcić. Dzięki poświęceniu wartości nabiera nie tylko to, na rzecz czego rezygnujemy, ale również to, z czego rezygnujemy. W ten sposób możemy zachować jedną i drugą miłość. Pod warunkiem jednak, że damy wyraz tej poświęconej, mówiąc np.: „Kocham cię i pragnę, ale postanowiłem nie realizować swoich pragnień i poświęcić je, aby uchronić to, co uznałem za ważniejsze". Jest nadzieja, że dzięki temu suma miłości we wszechświecie się powiększy.

Czy zdarzają się dobre romanse?

Dobre romanse zdarzają się, ale to nie są romanse łatwe. Podejmujemy je z wahaniem i obawą, kiedy uwikłamy się w beznadziejny układ i nasze serce wyje z tęsknoty i samotności. Wtedy pójście za jego głosem może okazać się wyzwalające. Jeśli nam się poszczęści, będziemy wreszcie z kimś, kto szanuje i docenia naszą miłość, odpowiada zachwytem na zachwyt. Ale to już nie jest romans. Zaczyna się coś ważnego.

 **24** Po co kobietom feminizm?

Wielką różnorodność szkół i tradycji sztuk walki można uporządkować, dzieląc je na dwie kategorie: na szkołę zewnętrzną i szkołę wewnętrzną. Patrząc z boku na ćwiczących, trudno dostrzec różnicę, ale jest ona zasadnicza. Szkoła zewnętrzna przyjmuje, że przeciwnik jest na zewnątrz. Szkoła wewnętrzna twierdzi, że sami dla siebie jesteśmy największym zagrożeniem. Feminizm, który najbardziej cenię, nie widzi w mężczyznach wroga. Nie potrzebuje ich do odwracania uwagi kobiet od tego, co mają same ze sobą do zrobienia. Taki feminizm zarówno programową walkę z mężczyznami, jak i zabiegi o ich przychylność, przyzwolenie czy błogosławieństwo uznaje za stratę czasu. Dba o rozwój samoświadomości, o psychologiczną i społeczną edukację kobiet. Przez analogię do sztuk walki można go nazwać feminizmem wewnętrznym. Kobiety, częściej niż im się to wydaje, sobie nawzajem robią krzywdę. Choć niewątpliwie pierwotnym źródłem wirusa patriarchatu są mężczyźni, to już od dawna kobiety stały się jego nosicielkami i przekazują go sobie po kądzieli. Nieświadomie przyjmują i powielają męskie stereotypy na swój temat. To przecież po matkach córki dziedziczą poczucie niższości, winy i wstydu, bycia kimś, kto musi udowadniać swoją przydatność i drogo płacić za prawo do istnienia w męskim świecie. Stereotyp biblijnej Ewy odpowiedzialnej za cierpienie świata – obecny w odmiennych formach także w innych kulturach niż chrześcijańska – jest silnie w nas zakorzeniony. To on sprawia, że tak wiele kobiet odruchowo bierze na siebie winę i odpowiedzialność za kryzys w małżeństwie, za impotencję i pijaństwo partnera; za to, że są bite i gwałcone, że dzieci chorują i mają złe wyniki w szkole czy za to, że nie obrodziło i kury się nie niosą. Już kilkuletnia dziewczynka, gdy zostanie wykorzystana seksualnie przez dorosłego mężczyznę, czuje się winna, odpowiedzialna za sprowokowanie agresora – i rzadko szuka pomocy u mamy.

Dojrzały, wewnętrzny feminizm zdaje sobie sprawę, że próby przełamania patriarchalnych stereotypów spotykają się nie tylko z oporem mężczyzn, ale również kobiet, a nawet dzieci. Na mężczyzn, choćby tych najświatlejszych, rzeczywiście rzadko można liczyć w tej sprawie. Wielu deklaruje tęsknotę za silną i wolną kobietą, ale gdy staną z nią twarzą w twarz, ogarnia ich lęk i bezradność. Ratują się dowcipem, kpiną, lekceważeniem, agresją albo walą z grubej rury – bezrefleksyjnie podpierają się tradycją czy religią. Wirus patriarchatu wydaje się fruwać w powietrzu. Nawet kilkuletnie dzieci, dziewczynki i chłopcy, są nim zarażone. Ujawnia się, gdy dzieci radykalnej feministki krzykiem, prośbą i płaczem przywołują ją do podjęcia tradycyjnej roli karmicielki, opiekunki i kapłanki domowego ogniska. W tych sprawach dzieci bywają bardzo konserwatywne i tworzą zwartą koalicję z ojcem. Czasem trudno rozstrzygnąć, czy to skutek infekcji czy wręcz przeciwnie – niewinności. Wygląda na to, że kobiety feministki skazane są na samodzielne, mozolne podążanie do źródeł, pod prąd rzeki. Ważne, żeby dostrzegały, że ta rzeka płynie również w nich. To tylko pozornie zasmucająca refleksja. Łatwiej przecież uszyć sobie buty, niż cały świat próbować wyścielić skórą, łatwiej zmienić siebie niż innych. Bo na zmienienie innych nie ma co liczyć. Natomiast jeśli my się zmienimy, to cały świat się zmieni. Życie to przecież spójny system naczyń połączonych. Jeśli więc energia feminizmu zostanie przede wszystkim wprzęgnięta w wewnętrzną przemianę kobiet, to nieuchronnie zmieni się rodzina, dzieci, mężczyźni, instytucje społeczne, kultura i wszystko wokół. I oby tak się stało.

 **25** Jestem macochą

WYSOKIE OBCASY nr 5
(GW nr 101 z dnia 30.04.1999)

O stereotypie macochy wiele dowiadujemy się z baśni o Królewnie Śnieżce. Z psychologicznego punktu widzenia macocha jest metaforą negatywnego aspektu matki – zazdrosnej, rywalizującej, niszczącej. W baśni tej ukrywa przed królewną jej pochodzenie, urodę. Królewna nie wie nawet, że jest królewną.

Najpiękniejszy spadek, który otrzymuje córka, to miłość matki. Nie dostaje go, kiedy ma złą macochę, która – jak w baśni – usypia córkę, wprowadza ją w trans nieodczuwania. By królewna doświadczyła miłości, musi pojawić się królewicz, czyli mężczyzna. Często jednak nie ma takiej mocy, żeby odczarować królewnę – dziewczynka nie może uwierzyć, że jest kochana. Być macochą jest trudno. Nie jest to zresztą częsta sytuacja, ponieważ dzieci po rozwodach na ogół pozostają ze swoimi biologicznymi matkami. Problem pojawia się, kiedy prawdziwa matka umiera lub dzieje się z nią coś, co nie pozwala jej wychowywać dzieci, np. choruje, emigruje. Sytuacja macochy jest prostsza, jeśli matka nie żyje i dzieci mają tego świadomość. W przeciwnym razie musi przebijać się przez nadzieję dzieci, że mama kiedyś wróci. Nie należy robić niczego, co umniejszałoby znaczenie prawdziwej matki. W wypadku śmierci musi być szanowana jej pamięć. W innych sytuacjach – nadzieja na jej powrót. Dobrze jest uczestniczyć w pamięci o mamie – razem pójść na cmentarz albo przypominać o napisaniu listu. Macocha musi obudzić w sobie miłość do nie swoich dzieci. W najtrudniejszej, piętrowo skomplikowanej sytuacji staje kobieta, która już ma swoje dzieci. Wtedy, oprócz konieczności znalezienia w sercu miejsca dla potomstwa partnera, może pojawić się konflikt między jej i jego dziećmi. Ten konflikt będzie spychał ją w stereotyp macochy, czyli tej, która przede wszystkim broni interesów swoich dzieci. To będzie rodziło napięcia z partnerem. Może też być odwrotnie. Kobiecie może tak zależeć na uczuciu partnera, że będzie nadmiernie faworyzować jego dzieci kosztem swoich. Wchodząc w rolę matki, macocha nie musi mieć poczucia winy. Dzieciom pełna rodzina daje większe poczucie bezpieczeństwa, więcej troski i ciepła. A kiedy przybywa członków rodziny, przybywa też np. prezentów pod choinką. Kobiecie, która decyduje się na taki związek, radzę, by dała swojemu partnerowi i jego dzieciom czas na przeżycie rozstania z matką. Nie śpieszyła się z zamieszkaniem pod wspólnym dachem. Najpierw można jeździć razem na wakacje, spędzać weekendy, w domu mieć status gościa. Nie wolno od razu kazać mówić do siebie „mamo". Naturalne jest, że przez jakiś czas dzieci będą zwracały się do niej „proszę pani", dopiero potem można zaproponować mówienie po imieniu. Najlepiej, żeby wszyscy zachowywali się zgodnie z tym, co czują. Jeśli macocha czuje, że ojciec jest w konflikcie z dziećmi, nie ma racji, to powinna bronić dzieci. Najważniejsze są stosunki z dziećmi – jeśli się powiodą, to związek z partnerem też będzie dobry. A jeśli dorośli naprawdę się kochają, dobrze się porozumiewają, to z czasem wszystko da się ułożyć. Ale trudności są nieuniknione i trzeba być na to przygotowanym. Najczęściej potrzeba co najmniej dwóch lat na w miarę harmonijne ułożenie życia.

26 Kiedy kobieta rodzi kobietę

Wysokie Obcasy **nr** 1
(GW nr 79 z dnia 03.04.1999)

Relacja matka – córka jest jedyna w swoim rodzaju. Kobieta rodzi kobietę, daje życie istocie tej samej płci.

Matka łatwo może ulec złudzeniu, że córka jest jej kontynuacją, kolejnym wcieleniem jej samej. Często nie widzi powodu, by dać jej prawo do autonomicznego istnienia. Córka musi myśleć i czuć jak matka, nawet przechodzić w życiu takie same doświadczenia, aby mieć udział w jej cierpieniu. Taki stosunek do córek mają przede wszystkim kobiety, których matki też uzależniały swoje dzieci. Jest wiele strategii uzależnienia córek przez matki. Jedna z najbardziej powszechnych to kastrowanie córki. Matka wychowuje córkę w taki sposób, że sprawy ciała i seksualności stają się dla niej czymś groźnym, nieobliczalnym, obrzydliwym, grzesznym i bolesnym. Bezkrytycznie przekazuje córce swoje własne najgorsze doświadczenie, swój niespójny stosunek do mężczyzn. Mężczyźni jawią się córce jako obleśne zwierzęta, które od kobiet chcą tylko jednego – a jednocześnie jako panowie świata, bez których kobieta nie może istnieć.

Niepewna siebie, przerażona mężczyznami i seksualnością córka zostaje z matką i związek z matką staje się jedynym sensem jej życia. To jest przekaz kobiecego nieszczęścia, które jest bardziej rozpowszechnione, niż przypuszczamy.

Matka, która ma udane życie małżeńskie, nie będzie wiązać córki. Inna często spotykana strategia uzależniania to wchodzenie córce na kolana. Matka, która w dzieciństwie nie czuła się kochana przez swoją matkę, teraz uzależnia córkę, aby poczuć się wreszcie ważną i kochaną przez jakąś kobietę. W miarę dorastania córki matka zamienia się z nią rolami. Jak najszybciej zdejmuje córkę ze swoich kolan i stara się usadowić na jej kolanach. Córka ugina się pod ciężarem najintymniejszych zwierzeń matki, staje się bezradną powiernicą wszystkich jej dramatów i kłopotów. W końcu córka nabiera przekonania, że to ona jest po to, aby wspierać, rozumieć i troszczyć się o matkę. Trudno jej będzie opuścić tę małą, nieszczęśliwą dziewczynkę.

Jeszcze inną strategią jest szantaż. Córka słyszy od matki: „Umrę bez ciebie, nie poradzę sobie, jestem taka słaba, chora i samotna. Ty jesteś całym moim życiem". Świadomie – choć częściej nieświadomie – matka przez lata robi wszystko, by nikomu nawet nie przyszło do głowy, że będzie w stanie poradzić sobie bez córki. Nie dba o siebie, o swoją pracę ani o swoje związki z ludźmi, zaniedbuje swoje małżeństwo. Wreszcie jest rzeczywiście samotna, bezradna i chora. Córka nie może zostawić matki samej, bo zabiłoby ją poczucie winy. Zostaje z matką. Nie ma wyboru.

Z kolei matka nadopiekuńcza to taka, która wpaja córce, że świat jest tak niebezpieczny, iż sobie bez niej w nim nie poradzi. Nadopiekuńcza matka wie lepiej od córki, kiedy ta jest głodna, czy jest jej zimno, czy ciepło. Wie, co się jej dziecku podoba, czy ono czuje się dobrze, czy źle, czy czegoś chce, czy nie. I córka zaczyna wątpić w siebie. W to, co czuje, czego pragnie i w to, co myśli. W starciu ze światem dorastająca córka jest zagubiona i bezradna – a więc mama miała rację. Nie rozumie, dlaczego jej trudno żyć, choć miała tak kochającą, opiekuńczą mamę. Będzie się trzymać matki do końca życia.

Istotą symbiotycznego związku jest niemożliwość życia poza nim. Nawet myśl o tym budzi lęk. Wzór stosunków z matką, który był dla dziecka pierwszym i jedynym dostępnym, staje się wzorem relacji z innymi ludźmi. Jeśli się utkwi w tym schemacie, nic nowego nie może się zdarzyć. Trudno z tego wyjść. Jeśli tak jest, trzeba szukać pomocy.

W książce wykorzystano wybrane felietony
Wojciecha Eichelbergera
drukowane w „Wysokich Obcasach",
dodatku do „Gazety Wyborczej"
w latach 1999-2003

MAMO nie krzycz na dzieci

Jeśli **masz dość błędnego koła** - wybuchów złości
i wyrzutów sumienia

Jeśli **pragniesz wyzbyć się przekonań,**
które destrukcyjnie wpływają na Ciebie i bliskich

Jeśli chcesz dowiedzieć się więcej
o źródłach swojego stresu i nauczyć się relaksować

Jeśli **marzysz o poczuciu harmonii,**
wewnętrznym spokoju i odpoczynku

zapisz się na internetowe warsztaty
ZrelaksowanaMama.pl

Atrakcyjna cena za 7 tygodni
Wygodnie - wystarczy komputer i Internet

To działa! - zajrzyj na stronę **ZrelaksowanaMama.pl**
i zobacz, co o warsztatach mówią inne mamy.

Autorka: **Krystyna Łukawska** - psycholog, terapeutka.
Ponad 20 lat pracy z rodzicami w Polsce i w USA.
Autorka książki "Szczęśliwi rodzice, szczęśliwe dzieci".

POLECAM

WYD. DRUGIE · NAKŁAD 2000 EGZ · PRINTED IN POLAND
DRZEWO BABEL
GRUDZIEŃ 2017 · WARSZAWA,

Wyłączny dystrybutor:

FIRMA KSIĘGARSKA OLESIEJUK
www.olesiejuk.pl

Druk i oprawa
DRUK-SERWIS SP. Z O.O.
ul. Tysiąclecia 8b · 06-400 Ciechanów